여자 마음을 잡는 마케팅

# 그녀의 지갑을 열어라

여자 마음을 잡는 마케팅

# 그녀의 지갑을 열어라

사쿠라이 히데노리 지음 | 이유영 옮김

소담출판사

여자 마음을 잡는 마케팅

# 그녀의 지갑을 열어라

펴낸날 | 2003년 9월 20일 초판 1쇄

지은이 | 사쿠라이 히데노리
옮긴이 | 이유영
펴낸이 | 이태권
펴낸곳 | 소담출판사
　　　　서울시 성북구 성북동 178-2 (우)136-020
　　　　전화 | 745-8566~7  팩스 | 747-3238
　　　　e-mail | sodam@dreamsodam.co.kr
　　　　등록번호 | 제2-42호(1979년 11월 14일)
　　　　홈페이지 | www.dreamsodam.co.kr
기획 편집 | 박지근 이장선 가정실 구경진 마현숙
미 술 | 김미란 이종훈 이성희
본부장 | 홍순형
영 업 | 박종천 장순찬 이도림
관 리 | 유지윤 안찬숙 장명자

● 책 가격은 뒤표지에 있습니다

a must book for men

# contents

# 머리말

고객만족을 외친 지 오래되었다.

거품이 빠진 개인소비에 비해 상품은 다양한 각도에서 제공되어 열심히 만들어낸 의도와 그 정성마저도 전해질 정도다. 그러나 최근 소비자는 과거보다 한층 까다로워졌고 그로 인해 예상과는 달리 물건이 잘 팔리지도 않을 뿐더러 고객조차 찾아오지 않게 되었다.

레스토랑 같은 음식점을 예로 들어 보자. 바로 1년 전만 해도 미식가 북에 등장했던 가게가 얼마 못가 모습을 감추었다는 예를 심심찮게 접할 수 있을 것이다. 출판사측과 미식평론가의 온갖 미사여구에도 불구하고 소비자의 입맛은 점점 고급화되고 있기 때문이다.

그 중 여성 고객은 혀뿐만 아니라, 눈도, 귀도, 가격에 의한 가치를 결정하는 방법도, 남성들보다 훨씬 민감하여 좋고 나쁨을 예리하게 판단한다. 이런 여성들의 습성과 희망을 무시해서 실패한 기업과 가게의 수는 헤아릴 수 없을 정도이다.

그 이유는 무엇일까? 실패의 가장 큰 이유를 짐작해 보면 '여자쯤이야 눈 감고도 안다' 는 남자들의 믿음 때문임에 틀림없다. 분명 구세대 남자들과 달리 지금의 경영, 영업의 제 일선에서 일하고 있는 남성들은 어릴 때부터 여성과 더불어 자라온 만큼 여성을 잘 이해하고 있다.

그럼에도 불구하고 이혼 비율이 급증하고 있는 원인은 지금의 20대 이상의 여성들이 남성들이 생각하는 십대 시절의 여자아이가 더 이상 아니기 때문이다. 즉, 여자의 마음을 이해하고 있다는 자부심에 비해 여성들의 변화에 전혀 속수무책일 수밖에 없는 것이 현재의 남성들이라 해도 과언이 아니다.

따라서 이 책에서는 여성의 기본적 성격과 시대의 변화에 따른 욕망을 중심으로 세세한 부분까지 분석을 시도해 보았다. 나아가 변화무쌍한 사회에 적응할 수 있는 장사의 종류와 그 방법까지도 예측해 보았다.

여하튼 지갑의 끈은 여성들 손에 단단히 쥐어져 있고 문화수준도 남성들보다 훨씬 높다. 게다가 바람 피는 여성들조차 흔히 볼 수 있다. 이른바 '단물 빼먹기'의 테크닉을 터득한 것이다. 남녀 관계에 있어서 본디 단물만 쏙 빼먹고 도망가는 쪽은 대개 남자였다. 여성들은 애정뿐만 아니라, 물건을 살 때도 이 가게, 저 가게 돌아다니지 않고 한 군데만 정해 놓고 다녔기 때문에 가게 차원에서도 비교적 수월하게 고객을 확보할 수 있었다.

과거 대부분의 여성지는 거의 반이 정기 구독자였을 정도로 남성 독자에 비해 현저히 높은 여성 고객을 확보하고 있었다. 하지만 지금은 정기구독자가 20%에도 미치지 않으리라 생각한다. 다른 재미있는 잡지가 있으면 주저없이 그쪽으로 관심을 돌리기 때문이다.

남녀 관계에서도 상황은 비슷하다. 오래 사귄 남자가 있어도 쉽게 헤어지는 여성이 점점 늘고 있다. 다른 좋은 남자가 다가오면 그쪽으로 시선을 돌려버리는 것이다.

본문에서도 언급되지만 새로운 상품은 6, 7년 안에 소멸될 위험성이 있다. 물론 정보화사회 발달에 따라 같은 종류의 상품이 우르르 쏟아져나오기 때문이기도 하지만 여성의 빠른 욕구 변화 또한 하나의 이유가 된다.

만족에는 '절대'라는 것이 없다. 일시적으로 만족한다 해도 곧 불만이 쌓이게 되고 그렇기 때문에 새로운 상품이 더 잘 팔리게 되는 것이고 이로 인해 여성용 상품에 한해서 빠른 변화를 요하게 된 것이다.

때문에 여성의 기본적인 성격만 파악하고 있어서는 아무것도 이룰 수 없다. 현대 사회에서는 시대와 함께 변화하는 희망과 욕망을 재빨리 꿰뚫어 볼 수 있는 능력이 요구되고 있다. 특히 여성이 원하는 서비스를 제대로 파악하지 못할 경우 잘 팔리던 상품도 그날로 판매가 되지 않을 수도 있다. 이 책을 통해 서비스하는 자세뿐만 아니라, 비즈니스맨도, 상점 경영자도, 더 나아가 한사람의 남성으로서도 유익한 지식과 지혜를 얻게 될 것이다.


사쿠라이 히데노리

여자와 시대 변화에
그녀의 지갑을 열어라 | 프롤로그
둔한 남자들

# 나이보다 젊어 보이는 경영자를 본 적이 없다

유명 가방 회사에 몇 번인가 강연을 하러 간 적이 있었는데 어느 회사나 할 것 없이 패션업을 운영하는 사람이라고는 생각할 수 없는 옷을 입고 있었다. 그 중에는 구식 점퍼에 구겨진 바지 차림을 한 경영자도 있었다. '겉모습은 그 사람을 대변한다'는 말이 있듯이 여성용 메이커 가방이라면 역시 그 나름 대로의 스타일이 필요한 법이다.

그런 상황에서 '장사가 잘 되지 않는다', '안 팔린다'라고 불만을 토로해 보았자 실패한 자의 원망으로밖에 들리지 않을 것이다. 십 수년 동안 강연을 위해 전국 각지를 돌아다니며 많은 업종의 경영자를 만났지만 한 마디로 말 해 '제 연령보다 젊어 보이는 남자들'을 본 적이 거의 없다.

기껏해야 그 연령대로 보이거나 혹은 50세 아저씨들이다. 설령 아저씨로 보이더라도 얼굴이라도 훤하면 볼 만하겠지만 넥타이는 촌스러운데다 대부 분 제때 수염을 깎지 못해 지저분한 모습들이다. 그들의 머릿속에는 '새 시 대가 왔다' '여성의 사회가 왔다'고 인식하면서도, 모습은 여전히 '남자의 시대'인 것이다. 남자의 시대는 연령이나 복장에 상관없이 무조건 '좋은 것만 만들면' 장사는 순조로웠다.

그러나 시대는 '부권 실추'를 시작으로 '모권(母權)이 대두'되면서 자연스럽게 아들들은 '마마보이'가 되고 딸들은 '여성 상위'의 자리를 차지하게 되었다. 소위 구질구질한 남자들은 여자들의 관심 밖이 된 것이다. 심하게 말하면 정리해고 된 남자들은 무능해서가 아니라 얼굴도 외모도 마음가짐도 아저씨이기 때문이다. 그리고 이런 남자들은 기업 내의 셀러리맨뿐만 아니라 상점경영자, 가게 주인도 마찬가지로 여자고객에게 아저씨로 보여지면 그것으로 끝이다.

여성들은 오랫동안 남자에게 선택받는 존재였다. 남자들이 좋아하는 화장술에서부터 말씨, 섹시해 보이는 방법까지 연구하지 않으면 결혼도 할 수 없었고 성적대상으로서의 가치도 낮았다. 옛 사고 방식을 가진 남자들 중에는 아직도 이런 가치 감각에서 헤어 나오지 못하는 사람이 적지 않다. 선택하는 입장이기 때문에 제때 깎지 못한 수염이나 촌스런 넥타이가 본질적으로 마이너스가 되는 일은 없었다. 그러나 지금은 상황이 역전되어 여자들이 선택하는 입장에 서게 된 것이다.

하지만 기업 관계자는 여전히 그렇게 보고 있지 않다. 이유는 늘어난 여학생들로 구직 상황이 치열해져서 자유롭고 느긋하게 여자들을 고를 수 있기 때문이다.

여기에 큰 착각이 있다. 왜일까?

생산의 시대에서 소비의 시대로 크게 변화하고 있기 때문이다.

취업시 기업의 인사담당자는 여학생들에게 호의적으로 대하면서도 한편으로는 간신히 입사한 신입 여직원들에게 은혜를 베풀었다는 식의 거만함을 들어내기도 한다. 그러나 거시적으로 봤을 때 그녀들에게 상품을 팔 수 없으면 그 기업은 쇠퇴하게 되고, 몇년 후 혹은 수십 년 후에는 여성들의 보복에 의해 그런 남자들은 정리해고 대상이 될 것이다.

예를 들어 인사과 근무 30년의 경력도 정리해고 후에는 아무런 능력 보증도 되지 않는 '산업폐기물'로 처리될 뿐이다. 이쪽에서 물건을 만들고 저쪽에서 물건을 사던 시대라면 모를까, 지금은 그 상품을 사고 안 사고의 결정권이 완전히 여성의 손아귀에 쥐어져 있다.

# '아저씨 발상' 으로는 여성 고객을 붙잡을 수 없다

여성의 소비 동향은 여성 상품의 소비자 조사로 간단하고 확실하게 확인할 수 있다. 그러나 간단하다고는 하지만 부장급 책임자가 자신의 연령보다 늙은 외모와 사고방식의 소유자라면 조사를 무시하거나 데이터를 고치는 경우가 비일비재하다. 스스로가 이 변화의 속도를 쫓아갈 수 없다고 판단되면 적당히 좋은 수치만을 상부에 제출해버리는 것이다.

여성 상품이 이런데 하물며 자동차 같은 남성 상품의 경우 여성은 '숨은 결정권자' 로 여겨지는 만큼 무시해도 특별히 기업 내에서는 문제가 되지 않는다. 더군다나 여성 특유의 싫고 좋음의 정서에 대해 조사가 어려운 만큼 가능한 한 피하고 지나쳐버리는 것이다.

아사히 맥주를 예로 들어 보자. 현재 본격적으로 발포주를 내고 있지 않는 맥주회사는 아사히뿐이다. 최하위의 산토리조차도 '매그넘드라이' 가 잘 나가고 있고 기린의 '단레이(淡麗)는 이미 많은 수익을 거둘 가능성을 보이기 시작했다. 그럼에도 불구하고 아사히는 발포주를 생산하려 하지 않는다. 그리고 시기도 이미 늦어버렸다. '슈퍼 드라이' 가 하락세를 보이고 있다는 것을 감지하면서도 아직 소비자는 남자라는 관념에서 빠져 나오지 못하고 있는 것이다.

하지만 상표의 숨은 결정권자인 주부층의 마음은 남편의 건강과 싼 가격이라는 두 가지 면에서 발포주로 향할 수밖에 없고 음주를 싫어하는 젊은 여성들도 틀림없이 이쪽으로 향한다. 이 흐름을 이해하지 못한다면 아사히도 제2의 닛산이 되지 말란 법이 없다.

더욱이 21세기의 문제로써 성추행을 무시할 수 없을 것이다. TBS의 보도 제작 국장의 야마노테센(山の手線) 내 성추행 사건 원인은 과음이었다. 중년 이상의 남성이 알코올 자숙 경향을 보이리라는 점은 쉽게 상상할 수 있을 것이다. 이런 요인에 의해 알코올이 적은 발포주를 선택할 가능성이 높아지고 있다.

여성의 정서에 의해 상품의 인기 품목도 바뀌어 가는 것이다. 남자들의 생산에서 소비우선의 사상, 구매자주의라는 정신구조가 진정으로 교체되지 않는 한, 이 경향은 읽을 수 없을 것이다. 그러므로 상품 구매측면에서 약간이라도 여성과 얽혀 있는 산업이나 장사, 직업에 종사하는 남자들은 그녀들의 정서심리를 이해하지 않으면 안 된다.

남자들이 그것을 전혀 몰랐던 것도 아니겠지만 오늘을 꿋꿋하게 살기 위해 필사적으로 질주하다 보니 간혹 내일 이후의 대비를 소홀히 하는 경우가 많다. 상점의 경영자 역시 여성 사회의 표면적인 지식만 가지고 있어서는 전혀 뜻하지 않은 방향으로 흐르게 될 것이다.

젊은 여성들이 지저분하고 어두침침한 가게를 싫어한다는 지식을 조금이라도 알게 된다면 이제까지의 점포를 부수고 멋있는 가게로 새로 지어야 한다고 믿는다. 이는 한편으로는 정답이 될 수도 있겠지만 정작 본인이 아저씨 발상의 소유자인 이상 가게만 바뀐다고 해결되는 것이 아니다.

자신이 바뀌지 않고 가게를 바꾼들 절대로 잘 될 리가 없다.

나의 사무소가 있는 도쿄 미나토구의 미타에 S라는 햄버거 체인점이 젊은 여학생부터 여사원에 이르기까지 인기를 구가하며 번성하고 있다. 이것을 본 오래된 정육점 주인이 더 이상 정육점이 가망이 없다고 판단했는지 정육점을 샌드위치, 햄버거 가게로 바꾸어 S가게 근처에 오픈했다.

분명 가게 구조는 젊은 여성과 샐러리맨들이 좋아할 만큼 개선되었으나 실제로도 인기가 있었을까? 답은 NO이다. 가장 큰 이유는 판매원인 점원이 아저씨 기호이기 때문이다. 아마 정육점 주인의 엄격한 면접을 통과한 사람이겠지만 정육점 주인의 눈과 샌드위치를 사러 오는 고객인 여성들의 눈은 근본적으로 다르다. 단적으로 말해 목소리를 내는 사람의 톤이 다르지 않으면 안 된다.

휴대전화가 유행하면 할수록 거리의 소음에 지지 않을 고음의 목소리가 필요하다. 가게가 번성하면 할수록 가게 안은 고객들의 대화 소리로 시끌벅적 요란해질 텐데, 이 소음에 지지 않을 고음이 점원에게도 요구되는 것이다.

간단히 말해 인물의 우열에 관계없이 우선 목소리가 낮은 남녀는 젊은 사람 위주의 가게에는 맞지 않다. 이러한 지식을 습득하지 못한 경영자가 채용에 관여한다면 그 시점부터 실패로의 첫걸음을 내딛게 되는 것이다.

# 여성이 원하는 이 시대의 남성상

요즘 텔레비전 등에서 인기인의 90%는 남녀를 불문하고 고음의 탤런트가 차지하고 있다. 뮤지션을 비롯하여 코미디언, 스포츠 아나운서, 뉴스캐스터의 목소리를 들어 보자. 혹시 텔레비전이나 CD에서 들려오는 이들의 목소리를 '시끄럽다'고 느낀다면 벌써 시대에 뒤떨어지고 있다고 생각해도 될 것이다.

도코로 죠지(싱어송라이터), 아카시아 삼마(코미디언), 후루다치 이치로(사회자), 미노몬타(사회자)도 연령에 비해 고음이다. 50세인 뉴스캐스터 쿠메히로시도 고음이다. 요미우리 자이언츠의 나가시마 감독과 해설자인 가케후도 머리 꼭대기에서 목소리가 나오는가 싶을 정도로 옥타브가 높다. 그리고 그들은 분명 젊은 사람들에게 인기가 있다.

그와 반대로 한신 타이거즈의 노무라 감독, 해설자인 모리전 서부팀 감독이나 호리우치 겐 선수, 뉴스 캐스터인 치쿠시 테츠야 등은 저음이다. 저음으로 이야기하는 남녀는 예외 없이 아저씨, 아줌마로 지나치게 이치를 따지는 사람들인 경우가 많다.

논리적인 사람은 상대와 깊이 사귀지 않는 한, 자신의 좋은 점을 전하기 어렵다. 그저 몇십 년, 몇백 년의 인연을 이어 가는 일이면 모를까, 감성적인 장사에는 절대 맞지 않는다. 쿠메히로시와 치쿠시 테츠야의 해설 능력을 비교하면 치쿠시가 위일지도 모르겠으나 목소리의 질이 떨어지기 때문에 시청률이 높지 않은 것이다.

즉, 가게를 새롭게 젊은 사람의 취향에 맞출수록 그들의 감성과 딱 맞는 고음을 가진 점원도 필요하다.

나의 사무소 근처 샌드위치 가게는 이런 점을 놓친 것이다. 말하자면 중년에 적합한 목소리의 점장이 그 자리를 지키고 있는 한 조만간 문을 닫거나, 어쩔 수 없이 재개장해야 할 운명에 처해질 것이다.

한동안 의과 대학생의 여학생 성폭행, 성추행 사건이 빈번하게 발생한 적이 있다. 미에대학, 게이오대학 의과 대학생의 성추행 사건은 사람들을 의아하게 만들었다. 왜 엘리트 중의 엘리트들이 파티 석상에서 유사 강간 행위를 했던 것일까?

단적으로 말해 그들 대부분은 저음이었다. 어느 신문 출판사에서 나온 대학 관련서에 도쿄대학의 학생이 타 대학의 이름을 사칭하고 다닌다는 기사가 실린 적이 있다. 흔히 생각하기를 타 대학 학생이 도쿄대생 행세를 할 거라고 생각하겠지만 그 반대인 것이다. 그렇다면 도쿄대생이 그런 행세를 하고 다닌 이유는 무엇일까?

여성에게 인기 있는 남자가 되고 싶어서라고 한다. 여성들이 도쿄대생을 동경하던 시대는 이미 옛날 이야기이다. 그녀들은 미래의 남편감으로서 도쿄대학 졸업이라는 간판을 갖고 싶어했지만 오늘날과 같이 결혼을 거부하는 타입의 여성이 늘어날수록 아저씨 냄새가 나는 도쿄대생을 좋아하지 않는다는 것이다.

즉, 토교대생이 인간적으로 여성들과 친숙해질 수 없는 사람들이라 할 수 있다. 더욱이 그들은 논리 정연하게 이야기는 잘하지만 지식의 폭이 좁기 때문에 여성과의 대화에는 소질이 없다. 물론 그 중에는 드물게 유머러스한 학생들도 있지만, 도쿄대생이라는 신분을 밝히기가 무섭게 여성들이 도망가버린다고 한다. 그러다 보니 다쿠쇼쿠대(拓殖大)나 센슈대(專修大)를 사칭하게 되었으며 그러다 교제가 깊어져 언젠가 도쿄대생인 것을 고백해야 할 때는 심리적 고통까지 각오해야 한다고 한다. 그 시점에서 여자친구가 떠나 버릴 위험성이 있기 때문이다.

논리적인 남자는 생각을 깊게 하면서 이야기하다 보니 대부분 목소리가 냉정해지고 톤이 낮아지는 경향이 있다. 상점 주인이 입안에서 말을 우물거리는 저음이면 젊은 여성 고객이 가게를 찾아줄까? 남자들이 알아야 할 점은 여성에게 인기 있는 사람들은 얼굴이 아닌 목소리라는 것이다. 이 '사람들' 중에는 남자뿐만 아니라 여성도 포함되어 있다.

전 마라톤 선수인 마스다 아케미는 지금 탤런트로 주목받고 있다. 선수시절은 묵묵히 달리기만 했기 때문에 상당한 고음의 소유자라고는 아무도 몰랐다. 그런데 매체를 타면서 특유의 고음으로 당시 인기를 구가하던 유명 탤런트의 인기를 눌러버렸다. 누구도 그녀의 말하는 속도와 옥구슬 구르는 듯한 고음을 따라갈 수 없었던 것이다. 단적인 예로 최근 십 년 동안 뮤지션으로 크게 붐을 일으킨 남녀 탤런트의 대부분은 고음이다. 록밴드 중에는 여지 없이 추남이라 지칭해도 무리가 없을 사람도 있지만 최고의 인기를 누리고 있다. 그리고 중년 남성 중에도 고음을 가진 남자 쪽이 훨씬 젊게 느껴진다. 앞서 말한 노무라 감독과 나가시마 감독의 모습을 떠올려보면 충분히 이해 할 수 있을 것이다.

# 여자가 좋아하는 7가지

그녀의 지갑을 열어라 | 제 1부

## 여기에 여성 심리의 기본이 있다

# 문화를 좋아한다

지금은 교풍이 많이 퇴색되었지만 한때 문화학원이라고 하면 현대 일본을 상징하는 전문학교였다.

이 학원은 일본 다이쇼 시대에 니시무라 이사쿠(西村 伊作)가 만들었다. 자유와 예술 존중, 남녀 평등 사상에 입각하여 많은 예술가를 배출한 학교로 유명한 이 학교가 뭇 여성들의 동경의 대상이 된 이유 중 하나는 '문화'라는 학교 이름에 있다.

여성의 마음을 설레게 하는데 '문화'라는 말이 한몫 거든 것이다. 지금도 나날이 발전하고 있는 문화여자대학교의 전신이자 모체인 문화복장학원은 문화적인 복장을 만들고 입는 것으로 한 세대를 풍미했는데 생활의 개선을 지향하는 이 '문화'라는 컨셉트는 상품을 만드는 사람이나 파는 사람에게 없어서는 안 될 요소이다.

문화의 기초는 '좀 더 많이'라는 모어(more) 사상이다. 여성들이 생활필수품을 고를 때 조금 더, 보다 좋은 상품을 원할 경우에도 '모어'가 키워드가 된다.

사람들은 좀 더 편리한 상품, 만족할 만한 상품을 원하고 있다. 말하자면 여성에게 있어 문화란 단순히 편리함만을 의미하지 않고 마음을 채워줄 수 있는 그 어떤 것이다.

편리함을 대표하는 것의 하나로 편의점을 문화적 점포라고 볼 수 있다.

그러나 편리하다는 이유만으로 상품이 팔린다면 언젠가 편의점도 구식이 되어버릴 것이다. 이유인 즉, 유행을 타는 패셔너블한 면에서 문화성이 뒤떨어지기 때문이다.

유행이라는 측면에서 볼 때 물건을 산 사람이 즐거워하고 다른 사람이 부러워할 만한 상품이어야 한다.

여성이 문화를 좋아하는 이유는 누구보다 먼저 그 문화를 접한다는 사실로 다른 사람으로부터 부러움을 산다는 기쁨을 얻을 수 있기 때문이다.

말차(抹茶, 녹차종류)를 제대로 마시려면 매우 번거롭고 어렵다. 하지만 여성이라면 누구나 한번쯤 정식으로 말차를 마셔보고 싶어한다. 그렇다면 그 자리에 맞는 옷이 필요하고 다도도 배워야 한다.

다도에 일본 문화가 응축되어 있는 것인 만큼 하루아침에 다도의 즐거움을 얻을 수는 없다.

그 결과 문화의 축소판으로 홍차가 등장했다. 물론 홍차도 정식으로 음미한다는 것이 쉬운 일은 아니지만, 말차에 비한다면 쉽게 입을 수 있는 캐주얼에 비유할 수 있다.

문화를 제대로 배울 여력이 없다면 문화센터에 가서라도 배우자는 심정이 현대 여성의 바람이 아닐까. 문화센터는 이러한 여성들의 바람이 현상화된 결과이다. 최단 3개월 코스로 문화의 분위기를 맛본 여성들은 점점 레벨을 올려간다.

이런 부분에서 남성들은 문화에 대해 폭넓고 깊게 이해하는 사람들과 문화를 전혀 접하지 않는 사람들로 양분화되어 있다.

이러한 현상은 교양과 무관한 일이다. 대학을 나오면 전문적인 교양을 몸에 익힐 수 있기 때문에 교양인이라 지칭하는지 모르겠다. 그러나 교양은 있지만 음악, 미술, 패션에 전혀 흥미가 없고 지식도 갖추지 않은 문화인이라 하기에 부적합한 남자들이 적지 않다.

그러나 여성들은 다르다. 어렸을 때부터 예쁜 색깔, 아름다운 음악에 익숙해진 여성들은 교양은 없더라도 문화적인 센스에서 남자들을 월등히 앞선다. 문화인으로서 남자들은 그 무엇을 감상하는 능력은 갖추고 있지만 실제로 자신을 표현하기에는 서투르다.

요리를 그릇에 담아낼 때도 어떻게 해야 우아하고, 맛있게 보이는지 대부분 여성들에게 일임하는 경우가 많다. 그만큼 여성들은 문화에 익숙해 있지만, 반면 남성들의 문화란 직접 손으로 표현하는 기관이 아니라 눈, 귀, 코 등의 감상기관을 동원하는 것이다.

단적인 예로 백화점에서 남녀 백 명의 행동을 관찰해보면 남자에 비해서 여성들이 직접 물건을 손으로 만져보는 비율이 훨씬 높다. 근사한 양복이 전시되어 있으면 만져보아야 하고, 눈에 띄는 예쁜 무늬가 보이면 전부 펼쳐보아야 직성이 풀린다.

과연 여성처럼 직접 물건을 만져보고 펼쳐보는 남자가 몇이나 있을까? 이러한 결정적인 차이를 이용해서 상품을 전시하지 않으면, 젊은 여성들 취향의 상품과 고가품은 팔리지 않는다.

백화점을 가보면 대부분 일층에 화장품 매장이 있다. 이러한 매장 가운데에서도 매장 유리 안에 상품을 전시하는 상점과 상품 케이스 위에 샘플을 잔뜩 진열해 놓은 상점이 있다.

여성들의 '문화를 손으로 만져보고 싶다' 는 욕망에서 본다면 물건이 케이스 위에 놓여 있어 보다 쉽게 만져보고 사용해 볼 수 있는 가게로 발걸음은 향할 것이다.

어떤 상품이든 '만지지 마세요' 라고 써 있는 가게로는 여성들의 발길이 향하지 않는다.

이러한 문구를 써 놓고 상품을 판매하는 가게 주인이라면 여성들의 문화지향을 전혀 모르고 있는 것이다.

고객에게 '손대지 마세요' 라는 말은 일단 만져보면 반드시 사야 한다는 식으로 고객을 무시하는 태도가 눈에 뻔히 보이며 고객이 만지고 난 후 물건을 다시 정리하는 일이 귀찮다는 식의 태만한 자세도 엿보인다. 제 아무리 호화로운 상품이라 해도 고객이 손 한번 대지 않고서는 절대 만족감을 느낄 수 없다.

다른 측면에서 이해한다면 가게가 고객을 선택해야 한다는 의미가 되는 셈이다. 에르메스나 구찌에 가는 고객은 이미 선택된 사람들인 만큼 얼마든지 물건을 만져볼 수 있다.

최근 일본에 소재한 점포에서는 기호가 비슷하고 그저 고객들이 들어와주기만 하면 좋다는 식의 일종의 바겐세일 분위기가 퍼져 있지만 고급품에는 손을 댈 수 없다.

그런데 이러한 분위기는 고객의 잘못이 아니라 가게의 잘못된 운영방침에서 비롯된 것이다. 문화라는 측면에서 볼 때 이런 식으로 물건을 파는 것은 바람직하지 않다.

# 밤을 좋아한다

원래 무서움을 잘 타던 여성들이 밤 시간대를 즐기게 된 이유는 무엇일까? 도시화된 거리가 대량으로 형성되고 차라는 안전확보 수단을 가지게 된 것도 큰 이유일 것이다. 에도 시대에 비해 생명의 위험은 거의 사라지고 죽음을 연상시킨다해서 꺼리던 단어를 일부러 다른 말로 바꿔 이야기하는 일도 없어졌다.

하지만 이유는 이러한 외적 조건만이 아니다. 오히려 여성 스스로 밤을 좋아하게 되는 내부적 조건을 준비해왔다고 생각하는 편이 올바르지 않을까.

생물학적으로 볼 때 어느 동물이든 다음 세대에 살아남을 수 있도록 교묘히 진화한다고 한다. 여성들이 밤을 좋아하게 된 현상 역시 이런 맥락에서 낮시간의 활발한 활동이 여러 측면에서 과히 좋지 않다는 것을 알게 되었기 때문일 수도 있다.

예를 들어 강한 자외선이 여성의 부드러운 피부에 암을 초래한다거나 이산화탄소의 양이 임신, 출산에 악영향을 미친다거나 혹은 지구 온난화 현상으로 낮잠을 자지 않으면 체력을 유지할 수 없을 것이라는 여성 특유의 직관

력이 작용한 것은 아닐까.

여성들은 태고 적부터 불가사의한 영적 능력을 지니고 있는 것으로 알려져 왔다. 그렇다면 장사의 방법도 세븐 일레븐, 24시간 주점 등 일부 심야영업의 가게에 이익을 빼앗기지 않도록 앞으로 여성이 좋아하는 야간 타입으로 교체할 준비를 해야 할 것이다.

특히 음식점은 24시간형으로 하는 것이 좋고 메뉴도 심야, 이른 아침에 어울리는 소화가 잘 되는 음식으로 하지 않으면 안 될 것이다. 물론 약국도, 서적, CD, 비디오가게도 24시간형이다.

러브호텔도 지금까지 섹스를 위해 남녀가 함께 자는 곳이 아닌 밤 시간을 즐겁게 이야기하고 놀 수 있는 곳이어야 한다. 섹스를 위해 호텔에 들어가는 것이 아니라 놀기 위해 들어가는 것인 만큼 침대에 돈을 들이는 것이 아니고 두 사람을 위한 놀이 공간에 돈을 들이는 것이다. 그러다 보면 러브호텔은 점점 쇠퇴하고 패션 호텔, 부띠끄 호텔화 될 것이다.

밤을 좋아하게 되면 우선 수면시간이 적어진다. 원래 수면시간은 단연 여성 쪽이 적지만 실제로 남자보다 7년이나 더 오래 산다. 이 점에서 '수면시간이 많으면 피로도 풀리고 건강해진다'는 의사의 말이 절대적으로 옳은 것은 아니다.

10대에서 20대 초반의 여성들은 같은 연령의 남자들과 비교했을 때 약 1시간 정도 수면시간이 적다고 생각된다(필자의 여학생 조사에서도 놀랄 만큼 적은 수치로 나왔다). 하지만 주부층은 어떨까? 아기와 유치원아, 유치원아와 초등학생 등, 두 명의 자녀를 가진 주부의 평균 수면시간은 약 5시간으로

이 상태가 20년은 계속된다. 외동 자녀의 고교 졸업까지라고 해도 18년 간은 계속 일찍 일어나야 한다.

남편도 같은 시간대의 근무라면 좋겠지만 좀처럼 그렇지가 않다. 게다가 일주일에 한 두번의 성생활 시간을 생각하면 일생을 통해 여성의 수면 시간은 남자의 수면 시간보다 10~20%정도 적다고 봐도 무방할 것이다.

텔레비전이 심야방송에 주력하기 시작한 것은 실로 현명하다고 판단될 정도로 여성들이 심야에 깨어 있는 모습이 자연스러워진다. 텔레비전을 보지 않아도 휴대전화나 인터넷으로 동호회 회원들과 이야기를 나누면 이것도 심야 시간대가 중요한 커뮤니케이션 시간으로 변모하는 것이다.

밖에 나가나 집에 틀어박혀 있으나 더 이상 밤은 잠자는 시간이 아니다. 여기에 새로운 비즈니스 찬스가 있다는 것을 쉽게 감지할 수 있을 것이다.

하지만 남자들 중 상당수는 젊은 여성이나 중년부인들이 얼마나 많이 밤거리에 넘쳐나고 있는지 모르는 것 같다. 여자를 지키는 이는 남자라는 시대에 뒤떨어진 사고의 소유자에게는 그러한 광경이 상상도 할 수 없고 믿을 수도 없을 것이다.

하지만 현실은 도쿄의 거리만 해도 매일 밤, 몇백 만 명의 여성들이 배회하고 있다. 왜 이런 현상이 벌어지고 있는 것일까?

아마도 단신(單身) 세대수의 증가 때문일 것이다. 이대로 나아가면 2010년에는 일본 전 세대수의 3분의 1이 단신 세대에 해당된다. 급증 추세라 해도 과언이 아니다. 지방에서 도시로 나온 젊은 남녀가 아파트, 맨션에서 생활하기 시작한 데다가 도쿄, 오사카 같은 대도시에서도 아들과 딸이 혼자서 살기를 희망하며 부모 곁을 떠나간다.

　그뿐이 아니다. 이혼 건수가 늘어남에 따라 이혼한 남녀가 본가로 돌아가지 않고 단신 세대를 형성해 가고 있으며 이런 현상은 계속 증가 추세이다. 그와 함께 결혼을 거부하는 여성, 경제적으로 자립하는 여성도 증가하고 있다. 여하튼 혼자 생활하는 여성이 늘어남에 따라 그녀들은 점점 밤의 세계, 밤의 사회에 적응하게 되고 마침내는 주역의 자리를 차지하게 될 것이다.

　즉, 앞으로 십 년 간 야간형 비즈니스가 급속하게 꽃을 피울 것임에는 의심의 여지가 없다. 그때 어떻게 여성들로 하여금 쾌적하게 시간을 보내게 할 수 있을지에 초점을 맞춘 장사가 늘 것이다.

　그렇지만 짧은 수면시간에 의한 건강 장애의 발생도 불가피하다. 그래서 여성들은 가방 안에 늘 여러 종류의 약을 가지고 다닐 것이다. 눈약은 그 대표적인 것이고 생리통약, 위장약, 피부약, 감기약, 게다가 피임용 필이나 콘돔 등은 대부분의 여성이 항상 휴대하고 다니지 않을까?

　다시 말해 밤에 활약하는 여성들이 늘어날수록 후에 병으로 발전 가능할 증상 한 두 가지씩 가지고 있는 반(半)환자들 또한 증가할 것이다. 건강관련 가게나 상점이 단연 증가하리라는 사실 또한 불 보듯 뻔한 일이다. 각종 세라피에 의한 피로 회복에 큰돈을 투자할 것이다.

# 변화를 좋아한다

'여자가 이혼하고 싶어하는 것은 변화를 원해서이다'라는 말이 있을 정도로, 변화를 좋아하기 때문이지 굳이 남편에게 불만이 있어서 이혼하는 것은 아니라고 한다. 그만큼 여자들이 변화를 좋아한다는 성질을 나타내고자 하는 농담일 뿐이다. 이렇듯 여성이 변화를 좋아한다는 것을 이해 못하는 사람은 장사와는 거리가 멀지도 모른다.

가장 알기 쉬운 예로 전 세계의 남자들은 십 년을 하루같이 근래 백 년 동안 질리지도 않고 양복에 넥타이 차림으로 일관해 오고 있다. 이것은 미국인이든 프랑스인이든 차이가 없다. 일본도 오십 년 이상, 이런 스타일이 정착해 왔지만 정녕 남자들도 여자처럼 변화를 좋아했다면 훨씬 옛날에 넥타이 따위는 던져 버렸을 것이다.

비즈니스에 편리하다, 긴장감을 준다 등 이유야 여러 가지가 있겠지만 본질은 변화를 두려워하는 남자 자체에 있다고 할 수 있다. 그에 반해 여성들은 열이면 열, 백이면 백 비즈니스 사회에서도 다양한 치장을 즐기고 있다. 이것은 남녀 관계에도 나타난다.

> (1) 매번 데이트 코스를 바꾸는 남자
> (2) 섹스 체위를 매번 연구하는 남자
> (3) 두뇌가 좋은 남자보다 머리 회전이 빠른 남자
> (4) 새로운 패션, 새로운 정보를 좋아하는 남자
> (5) 변화를 두려워하지 않고 즐길 줄 아는 남자

여성들은 이런 종류의 남자를 선호한다. 역으로 말하면 항상 똑같고 익숙한 것에는 쉽게 질려버린다는 뜻이다. 신기하게도 매력적인 여성일수록 이런 경향이 강하다. 매력적인 여자는 아름다움과 매력을 겸비하고 있을 뿐 아니라, 돈 쓰는 솜씨 또한 능숙하다. 경제적으로 풍족한 만큼 남녀 관계뿐만 아니라 장사하는 사람에게도 놓치고 싶지 않은 타입이다.

그럼 그런 여성들은 언제쯤 변화를 추구하는 것일까? 옛날부터 세 번째 데이트가 호텔에 갈지 안 갈지 결정하는 경계선이 된다고 하듯이 '3' 이라는 수가 그 시기와 깊은 관련이 깊다.

> · 매월 3일은 대매출의 날
> · 3일, 13일, 23일은 특매일

- · 세 번째는 특별한 서비스
- · 이 가게에서 3은 행운의 숫자
- · 세 가지 물건을 사면 한 개당 3% 할인

이것은 극히 일부분이지만 변화를 좋아하는 여성의 기본적인 성질과 어딘가 일치한다.

눈치챘을지 모르겠으나 딱 잘라 말해 여자는 본질적으로 바람기를 가지고 있다고 할 수 있다. 변화를 좋아하지 않는 여성도 있겠지만 적어도 변화를 싫어하지는 않는다. 남자처럼 변화를 두려워하는 사람은 없다. 왜냐면 그녀들에게 있어 결혼은 최대의 변화이기 때문이다.

안경점을 예로 들어 보자. 점원은 여자 고객이 들어온 순간 안경 타입을 추측할 수 있다. 어떤 스타일이 어울릴지 예측할 수 있다는 말이다. 이 때 당연히 우선적으로 어울리는 타입을 추천하지 않으면 안 된다. 그렇지 않으면 고객은 처음부터 싫증을 내기 때문이다. 우선 어울리는 타입을 사도록 한 후 정반대 스타일의 안경을 추천해 보는 것이다.

하지만 남자는 백이면 백 이런 것을 싫어한다. 왜냐면 남자는 사회적 동물로 개인적으로 갖고 싶은 것이 있어도 사회나 직장에 하고 갈 용기가 없기 때문이다. 무심코 화려한 것을 하고 갔다가 상사나 고객에게 찍히거나 좌천 당하는 일까지 일어날 수 있기 때문이다.

혹시 개인적으로 사용할 거라면 정반대의 타입을 추천해도 좋겠지만 일할 때의 안경을 신형이라서 혹은, 신제품이라는 이유로 추천해서는 안 된다.

이에 반해 여성은 사무용, 개인용 할 것 없이 처음부터 자신에게 어울리는 타입을 골라준 점원의 뜻이라면 반대의 타입을 권한다 해도 절대 사양하지 않는다. 왜냐면 자신이 미처 몰랐던 또 하나의 매력을 끌어내 주는 사람이라 여기고 안심하기 때문이다.

미용실에서도 마찬가지다. 변화를 좋아한다고 해서 처음부터 머리를 싹뚝 자를 것을 권하는 가게에는 두 번 다시 가지 않을 것이다. 그런데 세 번째 방문 때쯤 '짧게 잘라도 잘 어울릴 것 같아요' 하고 또 다른 매력을 발견한 것처럼 말하면 그 여성은 마음이 움직인다. 그리고 어느 날 갑자기 커트 카탈로그를 가지고 와서 '이것은 어때요?' 하고 내미는 것이다.

여성이 변화를 좋아하는 이유 중에 남성과의 헤어짐과 새로운 만남을 무시할 수 없다.

> (1) 남자친구와 헤어지고 싶어하는가?
> (2) 그렇지 않으면 헤어진 후인가?
> (3) 새로운 만남을 절실히 원하고 있는가?
> (4) 새로운 남자친구를 만났는가?

이런 경우를 수없이 볼 수 있다.

예를 들면 이제까지는 '저 가게는 언제나 회가 맛있어' 하고 말했다가도, 어느 날 갑자기 '저 가게는 회말고는 생선구이나 요리를 할 만한 좋은 재료가 없는 거야!' 하고 태도를 싹 바꾸는 경우도 많이 볼 수 있다. 이 경우에는 연인이나 남편이 바뀌었을 가능성이 많고 그와 함께 취미, 기호까지도 새로운 남자에 맞춰지게 되는 것이다. 혹은 어떤 여성 중에는 거주지에서 식사에 이르기까지 충동적으로 모조리 바꾸고 싶어하는 경우도 적지 않은데 극단적으로는 이사를 해 버리는 일도 있다.

그리고 이런 행동의 이면에는 점이나 운세가 존재하고 있는 경우도 많다. 아무리 결혼을 거부하는 여성이라 해도 남자를 싫어하는 것은 아니다. 그래서 여자로부터 남자의 존재나 그림자를 지우는 일은 어렵다. 비록 섹스 상대가 아니라 해도 남자는 매력의 찬미자이기 때문이다.

여성은 칭찬 받지 않으면 살아갈 수 없는 존재로 일 년에 단 한 번이라도 칭찬을 받지 못하면 30세도 70세 할머니처럼 활기를 잃고 늙어버릴지도 모른다.

역으로 말해 변화했을 때 칭찬하는 것이야말로 여성을 다루는 최고의 포인트이다. 계절이 바뀔 때 새로운 치장을 했다면 당장 '멋있어요', '분위기 있어요' 라는 감탄사를 들려주는 것이 핵심이다.

거리 상점가의 작은 가게 주인도 고객의 특징을 계속 메모하는 것이 무엇보다 중요한 일이다.

이 작업을 계속하다 보면 고객의 생활상의 변화에서부터 패션, 헤어스타일에 이르기까지 광범위한 정보를 얻을 수 있다.

이러한 경영 감각을 익히지 못한 남자는 여성 고객을 상대로 하는 장사를 할 수 없을 것이라고 단언한다. 물론 어떤 직장에서도 마찬가지이다.

마쯔시타 전기에는 보신부(保信部)라는 부서가 있는데 이 부서에서는 업종에 따라 중요 인물의 취미, 기호, 버릇까지도 조사하고 있다고 한다. 거리의 가게에서도 마찬가지다. 앞으로 작은 가게가 살아남을 해결책은 이러한 세세한 것까지 계속 신경을 쓰는 것 외에는 왕도가 없다. 그렇지 않으면 고객은 전문점, 슈퍼, 백화점으로 가버리기 때문이다.

# 잔혹함을 좋아한다

코인 로커에 아기를 넣어두고 사망케 한다거나, 40도에 가까운 불볕 더위의 차안에 아이를 둔 채 내버려두거나 남자로서는 전혀 생각할 수도 없는 행동을 저지르는 여성이 늘고 있다. 어쩌면 인간임을 잊고 여자가 동물적으로 변해 가는 것은 아닐까라는 생각을 할 수도 있겠지만 실은 그 반대다.

동물만큼 자식을 귀여워하는 어미도 없다. 늘 함께 있지 않으면 불안해하고 조금이라도 모습이 보이지 않으면 금방 찾기 시작하는 것이 동물의 특성이다. 즉, 현대 여성은 문명사회 속에서 가장 순수한 동물로서의 온화한 모성을 잃어버린 것이다.

그리고 오늘날 여성들은 점점 잔혹해지고 있다. 괴롭힘(이지메)에서도 이런 경향이 강해지고 있다. 본디 싸움에 있어서 강자가 약자를 괴롭힐 때도 그만큼 잔혹하지 않다. 처음부터 상대가 약하다는 것을 알고 있었기 때문에 다른 무기를 사용할 필요도 없이 그저 주먹이라는 무기로 싸우면 될 뿐이다. 그런데 약자가 약자를 괴롭히면 일거에 잔혹함이 더해진다. 엄마가 아기를 괴롭히는 장면은 차마 볼 수 없을 정도이고 딸이나 아들이 엄마를 괴롭히는 장면 또한 외면해버리고 싶을 정도이다.

말하자면 이와 비슷한 상황을 세상 여성들은 스스로 만들어냄과 동시에, 그 잔혹함에 흥분하는 것이다. 확실히 본질적으로 남자보다 잔혹함에 강하다. 매달 한 번 하는 생리로 피에 익숙해진 면도 있을 것이고 간호사를 지망하는 여성이 많은 이유도 이해가 갈 것이다. 이 습성을 알아두는 것은 결코 손해가 아니다.

슈에이샤(集英社)나 카도가와쇼텐(角川書店)은 이런 여성들의 심리를 잘 알고 있었기 때문에 공포소설, 만화 등에서 특출한 성적을 거둘 수 있었다. 그리고 성적(性的)으로 폭력을 가하거나 당하는 SM에 여성들이 강한 호기심을 나타내는 것을 재빨리 간파한 미국 영화계는 공포영화로 세계 제일의 필름 수출량을 자랑하는 등 사업적으로도 큰 영향을 미치고 있다.

부연하자면 현재 매춘업에서 일하는 여성들의 수가 꾸준히 증가하고 있다. 노동측면에서 보면 취직난에 부딪힌 여성이 육체를 수입의 도구로 이용하고 있다는 결론을 내릴 수 있겠지만, 사실 그렇게 단순하지가 않다. 만약 매춘업이 싫다면 이 업계에서 일하기 전에 클럽이나 캬바레, 또는 바 같은 요식업계도 있을 수 있다. 굳이 남자들에게서 잔혹한 행위가 강요되는 섹스 산업에서 일하지 않아도 되는 것이다. 하지만 현실적으로 그곳에서 일하는 여성이 계속 늘어나고 있는 추세를 금전적인 측면에서 유리하다는 이유만으로는 설명하기 어렵다.

나아가 여성은 잔혹한 상황에 처하고 싶어한다고 해도 좋을 것이다. 과거와 달리 지금은 어느 정도 자유스러운 몸이고 그리고 그 몸을 가지고 마치 개인 장사라도 하는 듯한 양상을 띠고 있다. 최근에는 매춘부의 사진을 실은 광고나 선전 잡지가 많이 나와 있는데 이것은 개인의 선전비인 셈이다. 아마도 잔혹함을 장사로 끌어들이는 사례는 이후로도 점점 증가할 것이다.

유원지나 테마 파크에서도 연이어 무서운 놀이기구가 등장하고 여성들은 앞다퉈 그것을 타고 싶어한다. 공포와 잔혹함을 극복해보고 싶은 것이다. F1 레이스, K2(격투게임), 격투기 시합에 여성 관객이 늘고 있는데 아무 일도 일어나지 않으면 오히려 불만이 쌓인다고 한다. 누군가의 기계가 충돌해서 사고가 일어나기를 바라거나 K2에서도 선수의 턱이나 몸이 연타되어 피를 토하고 실신하기를 바란다.

이런 마음이 섹스가 한창일 때 '죽는다' 는 말을 연발하거나 '더 괴롭혀 줘' 라는 말로 남자를 채근하게 되는 것이다. 그 중에는 '죽여 달라' 고 절규하는 여성도 있는데 여성들은 제정신에서건, 무아지경에서건, 꿈속에서건 끊임없이 잔혹함을 원하고 있다.

예전 NHK 드라마로 사상 최고의 시청률을 기록한 '오싱' 이라는 연속극이 있었는데 잔혹한 장면이 방영되는 날의 시청률이 가장 높았다고 하니 남자들은 여성의 귀여운 얼굴에 속아서는 안 된다.

이런 여성이 돈을 쓰기 위해 가게에 온다면 어떤 서비스를 요구할까? 아마도 끝을 볼 때까지 요구할 것이다. 1999년 여름, 도쿄 신쥬쿠 미쯔코시(三越) 백화점의 남관이 개관했을 때 여자 고객들은 일제히 '몽땅 세일' 에 몰려왔다.

이보다 전인 니혼바시의 토큐(東急)백화점의 개관세일에도 마찬가지로 여자 고객들이 밀어닥쳤는데, 미쓰코시백화점 고객들의 눈빛은 그때와 달랐다. 니혼바시의 토큐백화점의 개관 세일 당시에는 고객들에게 시라키야(白木屋) 주점이라는 백여 년 이상의 오랜 전통을 지닌 가게가 문을 닫는다는 애석함이 있었지만, 미쓰코시백화점의 '몽땅세일' 에서는 슬프고 아쉬워하는 감정은 없었다. 그러기는커녕 얼마나 싸게 파는지 얼마나 좋은 물건을 내놓았는지 여자 고객들은 목표물을 노리는 잔혹한 눈빛을 하고 있었다. 친절이 아닌 봉사를 요구하고 있는 것이다. 특히 중년의 주부층은 더욱 잔혹하다. '고맙습니다' 라는 말로는 냉담한 반응밖에 돌아오지 않는다.

노무라사치요 사건(역주: 전 프로야구 감독의 부인으로 연예활동을 했지만 거친 입담으로 비난 여론이 거셌다. 급기야 탈세 혐의가 발각되었는데 이를 노무라사치요 사건이라 한다)이 사회적으로 큰 문제가 되었던 것도 여성들 사이에 '자신이 한번이라도 되고 싶었던 모습' 을 그녀에게서 보았기 때문이라는 분석이다.

그런 의미에서 중년 여성층과 노무라사치요 씨의 사이에 공통점이 있다고 할 수 있다. 더 간략하게 표현하자면 그런 불쾌한 노무라사치요 타입이 이 잔혹한 세대의 대표라는 뜻이다.

사회학자들 사이에 '여성은 젊을 때는 마조히스트이고 나이를 먹어가면서 사디스트가 된다' 는 설이 있다. 보통 마조히스트와 사디스트는 정반대의 인격이다. 학대 당하는 것에 쾌감을 느끼는 사람과, 상대의 몸을 학대하고 쾌감을 느끼는 사람은 전혀 욕망이 다르다. 남자라면 반드시 이 두 가지 중 하나의 경향으로 치우칠 것이다.

그런데 여성은 제일 처음 남자와의 무리한 성관계에서 받은 쾌감을 기억하는 것이 보통이다. 그런 여성이 나이를 먹어가면서 연하의 남성과 성행위를 하는 일도 생길 수 있고 혹은 나긋나긋해서 전혀 남자답지 않은 남자와 사귀는 경우도 있다고 한다. 이때 여성은 남자를 괴롭히는 쪽에 서서 점점 그 쾌감에 도취된다.

다시 말해 마조히스틱한 자신은 남자에 의해 성립된 자신이고 사디스틱한 자신은 스스로 만든 주체적인 자신인 것이다. 그 때문에 여성의 사디스트적 욕망은 집요할 정도로 집념이 대단하다.

기업 내에서의 나이 많은 독신 여성의 치근덕거림은 반드시 사디스틱한 것이며 이 욕망은 상품을 사러 가는 가게에서도 드러나므로 상당한 주의가 필요하다. 아니, 그 전에 가정에서 이런 타입의 아내에게서 괴롭힘을 당하는 남편도 얼마든지 있을 수 있는 만큼 부인이 얼마나 잔혹한가에 대해 잘 알아 둘 필요가 있을 것이다. 여성의 잔혹함을 쉽게 보아서는 안 된다.

# 앉는 것을 좋아한다

　신흥종교의 신자 중 중년 여성이 많은 이유 중의 하나가 '다다미에 앉을 수 있으니까' 라는 뜻밖의 대답이 들어 있었다. 원래 일본인은 다다미 생활에 친숙하지만 현재는 서양식 의자와 테이블이 생활화되었다.

　남자들의 일상도 일본풍에 어울리지 않는 바지 스타일로 바뀌어 서 있는 모습이 눈에 띌 정도로 다리도 점점 길어지고 있다. 전혀 새로운 공간이 꾸며지면서 의자도 선 채로 앉을 수 있는 형태로 바뀌었다. 자연스럽게 여성도 스커트 차림에서 바지 차림으로 바뀌고 남자와 같이 서양식 생활에 익숙해져 왔다.

　그렇다면 '앉는 것이 좋다' 는 습성은 젊은 사람에게는 그다지 맞지 않을 것이라는 의문이 생기겠지만 실은 여성에게는 남자와 다른 두 가지 특징이 있다.

　그 한가지는 남자보다 엉덩이가 무겁고 크다는 신체적 특징이고, 다른 한

가지는 태고부터 아이를 안고 앉는다는 생활적 특징이다. 이런 까닭에 메이지 이후로도 여성의 직업이나 대부분의 일이 다다미나 의자에 앉아서 하는 것에 한정되어 왔다.

그리고 무엇보다 중요한 다른 견해도 있다. 과거 몇백 년 간, 집 안에서 여성을 도망치지 못하게 하기 위해 모든 방법으로 속박해 왔다는 점도 들 수 있다.

일본식 옷의 복잡한 치장도 여자를 가정에서 도망칠 수 없도록 한 것이고 특히 유녀의 긴 속옷 차림은 고객과 동침해야 하는 그녀들이 성에서 도망치려 하는 것을 막기 위함이었을 것이라고 한다. 그 모습으로는 밖을 돌아다닐 수 없기 때문이다.

1913년 이후로 들어서면서 섬유 업계에서의 참혹한 여성 착취가 시작되었는데 이것도 하루 종일 다다미에 앉힌 채, 다리를 쇠약하게 하려는 음모였다는 설이 있을 정도이다. 이후 슬프게도 여성이 유전적으로 앉는 것이 당연시 되는 특성을 형성하게 되었다고 할 수 있다.

요즘 대도시 거리의 여기저기에서 젊은 여성들이 땅에 웅크리고 앉거나 주저앉아 있는 이른바 '앉은뱅이족'을 쉽게 발견할 수 있는데 아마도 이런 유전적 요소를 지니고 있는 것이 아닐까?

요즘 젊은 여성들 중에는 엉덩이가 작은 사람을 흔히 볼 수 있다. 출산하기 힘든 타입으로 바뀌고 있음을 의미하는데 현재 60세 이상의 사람들로서는 생각할 수도 없는 체형이다. 당시의 일반적인 여성의 체형은 키가 작고 엉덩이가 큰 편이어서 일생 동안 10명 이상의 아이를 낳을 수 있었다.

이것을 동물행동학, 혹은 문화인류학적으로 보면 문명이 높아져 감에 따라 엉덩이의 위치가 올라가고, 엉덩이 크기가 작아져 임신하기 어려워진다고 할 수 있다.

지금으로부터 100년 전의 지구는 총인구가 16억 명이었는데 지금은 60억 명을 넘어서고 있다. 이런 급격한 인구증가는 주로 문명 후진국에서 나타나며 이후 백 년이 지나면 이들 후진국 여성들도 문명의 혜택을 입게 됨과 동시에 임신 능력도 쇠퇴해 갈 것이다. 그래도 지구의 멸망이 아직 먼 이상 당분간은 여전히 앉는 것을 좋아하는 여성을 고객으로 잘 우대해야 할 것이다. 중년 여성을 상대하는 가게는 의자를 준비하는 것이 당연시되며 업종에 따라서는 다다미가 깔린 방도 필요할 것이다.

오늘날 여대생에게 있어 대학교 내에서는 아직 금연해야 할 장소이기 때문에 별도의 흡연실을 설치해 두는 곳이 많은데 여기에도 남자와 달리 의자가 없으면 안 된다. 한마디로 의자로 휴게실을 가득 채울수록 좋다는 뜻이다.

레스토랑에서도 고객을 선 채 기다리게 하는 곳이 있는데 이는 바람직하지 않다. 특히 중년 이상의 여성을 위한 곳이라면 상당히 많은 고객을 놓치지 않을까.

또 다른 관점에서 보면 의자의 안락함 정도가 장사와 큰 관계가 있음을 알 수 있다.

깨끗하고 편한 의자가 설치된 후 영화관이 부활할 수 있었던 만큼 그 이후로 레스토랑에서도 일어서면 자동적으로 테이블 밑으로 정리되는 첨단 기능의 의자를 설치하기 시작한 곳도 있다.

이렇듯 번거로움을 없앤 의자는 앞으로 노령화 사회의 심화와 함께 환영받고 있으므로 가능한 빨리 '의자 혁명'으로 전환하는 자세를 갖춰야 한다.

화장실만 해도 그렇다. 남자와 여자는 사용법에 큰 차이가 있다. 남자는 거의 용변의 목적으로만 화장실을 사용하지만 여성은 좀더 폭넓게 사용한다. 화장도 하고 스타킹도 갈아 신는다. 때로는 옷을 갈아입는 장소가 되기도 한다는 것을 알아두자. 그렇다면 화장실에 의자를 두는 것도 이상한 일이 아니다. 이런 시각으로 주위를 둘러보면 의자의 효용은 생각지 않은 곳까지 미칠 수 있다.

또 의자가 아닌 앉는 방법 그 자체도 장사가 될 수 있다고 생각한다. 바른 자세로 앉는 방법을 가르치는 교실을 떠올릴 수 있고 몸이 저려오는 것을 푸는 방법을 가르쳐주는 곳도 생각할 수 있다.

혹은 일본식 복장을 파는 가게의 서비스로 앉는 방법이 적힌 소책자를 젊은 여성들에게 배포하는 것도 한 방법이 될 수 있다. 관혼상제 때 많은 도움이 될 것이다.

더욱 재미있는 것은 남자의 시선을 끌 수 있는 앉는 방법이나 책상다리로 앉는 방법, 양반다리로 앉는 방법도 테마가 될 수 있다는 점이다. 일식 레스토랑에서 이런 종류의 소책자를 고객에게 나누어준다면 대화 중에 화제로 떠오를 것이다.

아무튼 여성의 경우, 의자뿐만 아니라 바닥에 앉아야 할 경우도 있으므로 방석 한 개라도 연구해야 할 때이다. 가령, 두 사람이 함께 앉을 수 있는 방석이라는 아이디어만으로 그곳은 유명해질 것이고 아마 그 후로도 계속 그 가게에 오게 될 것이다. '방석 하나로 사랑이 싹트는 가게'라는 평판이 돌면 젊은 고객뿐만 아니라 중년의 남녀 고객도 찾아오게 되지 않을까.

'앉는 것을 좋아한다'는 습성을 알아두는 것만으로 이렇게 가게가 활성화되는 경우도 있다. 그만큼 여자의 마음을 연구하면 플러스되는 부분이 많다.

# 방어를 좋아한다

예부터 남녀공학 학급에서는 여학생이 톱이 되는 경우가 거의 드물었다. 반장에는 남학생, 부반장에는 여학생이라는 구도가 보통이었다. 이 또한 여성의 방어자세의 표시라고 이해할 수 있으며 이런 종류의 행동은 어느 사회, 어떤 분야에서도 확연히 볼 수 있다.

예를 들어 남자의 프로포즈에 좀처럼 승낙하지 않던 여성이 일단 결혼을 하게 되면 쉽게 이혼에 동의하지 않는 경우가 상당히 많다. 결혼 프로포즈에 대해 좀처럼 승낙하지 않았던 것은 방어자세를 굳히고 있기 때문이고 이혼을 승낙하지 않는 것도 모처럼 이룬 가정이 파괴되는 것을 원하지 않기 때문인데, 이 방어벽은 꽤 두껍다.

이 신중한 행동은 가게를 선택할 때나 쇼핑할 때 명확히 나타난다. 좀처럼 좋아하는 가게를 결정하지 못하고 가격에 관계없이 물건 하나를 사는 데에도 시간이 걸리는 것이다.

하지만 이 방어는 연령별로 큰 차이를 보인다.

간단히 말해 연령이 낮을수록 공격적이고, 높을수록 방어형을 띤다는 것이다. 이 현상은 마찬가지로 에너지 저하에 의해 둔해지는 것을 피할 수 없고 그와 함께 힘들게 이룬 사회적 명성이나 기업 내에서의 지위, 금전적 재산을 잃지 않으려고 필사적이 되는 공격형 남성들에게서도 자주 볼 수 있는 부분이다.

이런 연령에 따른 지향의 변화는 더 이상 어찌할 수 없는데 기본적인 여성의 방어자세는 바뀌지 않는다. 레스토랑의 경우를 예로 들어 보자.

레스토랑에 가기 전 남자는 '맛있는 걸 먹고 싶다' 고 생각하는 사람이 많지만, 여자는 '이상한 가게에는 가고 싶지 않다' '맛없는 것은 먹기 싫다' 고 생각할 확률이 높다. 그래서 남자는 '저 가게에 가자' 고 말하지만 여자는 '어디가 좋을까?' 를 우선 생각한다.

남자 고객 중심의 가게는 극단적으로 말해 가게 인테리어 등 그 이외의 실내 장식은 아무것도 필요 없다. 예를 들면 니혼바시의 미쯔코시백화점 근처에 '마코토' 라고 하는 스테이크 가게는 많은 저명인사가 단골이지만 실은 이 가게는 간판도 없고 음식점이라는 증거도 외견상으로는 없다. 긴자의 바에도 이런 종류의 가게가 적지 않은데 남자들은 맛만 좋으면 그것으로 충분한 것이다.

하지만 여자 고객 위주의 가게는 다르다. '어디가 좋을까?' 부터 시작되므로 '우리 가게는 실내가 좋습니다' 라는 간판을 내걸지 않으면 안 된다. 그 간판도 여성이 음식점에 대해 품고 있는

(1) 이상한 가게는 아닌가?

(2) 나쁜 인상을 주는 가게는 아닌가?

(3) 맛없는 요리를 내놓는 곳은 아닌가?

최소한 이 세 가지 만큼은 불식시킬 수 있어야 한다. 이 점을 가게 안에 들어오기 전에 미리 알려야 할, 최우선시 되어야 할 과제인 것이다.

웃는 얼굴이 중요하다고 일컬어지는 이유가 여기에 있다. 그렇지만 항상 웃는 얼굴이 필요한 것은 아니다. 처음부터 멋진 가게를 만들었다면 이상한 가게가 아님을 이미 인식시켜 주었으니 과장된 웃음으로 때울 필요가 없다.

대머리 아저씨가 험악한 표정으로 서 있는 곳이라면 당연히 나쁜 인상을 준다. 때문에 이런 가게는 더욱 붙임성 있는 여주인을 필요로 하게 된다. 그러나 스마트하고 잘 생긴 요리사가 일하고 있다면 처음부터 여자 고객의 머리에서 나쁜 인상은 날아가 버린다. 그런 가게에서는 오히려 만면에 웃음을 띤 여종업원은 불필요할 것이다.

혹은 맛없는 요리가 나온다면?

이런 의심을 받지 않기 위해 가게 앞에 진열장을 설치해 둘 필요가 있다. 이때 보기만 해도 괴로울 정도의 요리가 접시에 진열되어 있는 곳이라면 그 가게는 망할 수밖에 없다. '우리 가게는 맛이 없습니다' 라는 것을 일부러 고객에게 광고하고 있기 때문이다.

진열장뿐 아니라 당일의 추천요리를 게시한다든지 때로는 직접 요리를 해 보인다든지 하는 것도 필요하다. 냄새를 풍겨 미각을 자극하는 방법은 장어

구이, 참새구이, 불고기, 꼬치구이, 포장마차의 라면점 등 여러 가게에서 실행하고 있는데 효과 만점이다.

방어를 좋아하는 여성들을 상대로 한 최악의 서비스는 '교환 불가'이다.

일본의 백화점은 호송 선단 방식(역주: 약소 금융기관에 보조를 갖춰 과도한 경쟁을 피해 금융기관 전체의 존속과 이익을 실질적으로 보증하는 금융행정)에 의해 '교환 불가'를 전 매장이 채용하고 있지만 외국의 경우는 전혀 다르다.

미국이나 프랑스의 어떤 백화점에서도 반품 교환은 자유이다. 해당 가게의 영수증만 있으면 비록 반년 전의 물건이라도 교환해 준다. 그 중에는 한번 사용하고 마음에 들지 않아서 반품하려하는 물건까지도 현금으로 되돌려 주는 경우가 있어 백화점의 기능을 다양화시키고 있다.

현재 일본의 백화점 중에는 자금난으로 어려움을 겪고 있는 곳이 적지 않다. 아마도 이러한 장사의 기본을 무시했기 때문이 아닐까 싶다.

1904년에 니혼바시의 미쯔코시백화점이 생기고 1918년 제1차 세계대전 종결과 함께 일본의 사철(私鐵)이 확장되던 시절에 터미널 역에 백화점이 생기기 시작했는데 이 역사가 말해주듯이 백화점은 패션의 최첨단을 걷는 비즈니스였다.

'오늘은 미쯔코시백화점, 내일은 테이고쿠극장'이라는 말이 생길 정도로 지금으로 치자면 마치 파리, 밀라노로 해외여행 가는 것에 버금가는 흥분을 안겨 주었다. 그러나 지금은 백화점에 가지 않고도 전문점이나 쇼핑 센터에서 대부분의 용무를 마칠 수 있거나 편의점이나 100엔 숍(모든 물건의 가격이 하나에 100엔인 가게) 등에서 끝낼 수 있다. 일부러 비싼 물건을 사러 백화점에 가는 것이 손해라는 인식이 들 정도이다.

이 시점에서 혹시 '전품목 반품 자유' 라는 획기적인 상술을 전개한다면 아마도 모든 상점을 상회하는 플러스 가치를 갖게 될지도 모른다. 방어하기를 좋아하는 여성심리를 이해하고 있다면 누구라도 알게 될 것이다. 누가 좀 더 빨리 이 방법으로 도약할지 주목해야 할 것이다. 어제까지 호송 선단 방식에 의해 편하게 비대해진 업계가 죽을 각오로 새로운 백화점의 존재 의의를 명확하게 내세울 수 있을지 궁금하다. 특별히 백화점에 한한 것은 아니다. 어떤 업종이든 당장 오늘부터 할 수 있는 서비스를 연구해 보면 어떨까?

# 불만을 좋아한다

　욕망에는 만족이라는 한계가 없다.

　노자는 '만족을 아는 자는 부자다' 라는 말로 분수를 지키는 것의 중요성을 이야기했다. 아마도 분수를 지키는 것이 가능하다면 성인이라 할 수 있을 것이다. 그렇다면 부족이나 불만을 가진 자일수록 인간적이라고 할 수 있는데 남성보다 여성 쪽이 더 인간적이라는 것은 확실하다.

　여하튼 여자는 '불만을 좋아한다' 는 사실에 착안해야 한다. 이것도 갖고 싶고 저것도 갖고 싶다. 욕망의 폭은 점점 넓어지고 사는 사람이 따로 있을 법한 비싼 최고급품을 중학생이나 고등학생이 가지고 다니는 시대가 되었다.

　원래 규칙도 없고 계급도 없는 사회에서는 불만이 적다. 이처럼 부자와 가난한 사람의 격차를 없애면 유토피아가 온다고 주장한 이들이 초기 공산주의였다. 그러나 인간을 포함한 동물의 세계는 계급을 나누지 않으면 안 된다.

왜냐하면 계급이 낮은 동물은 명령에 따라야만 안심을 하고 위의 계급은 아랫사람을 갖는 것으로 편안한 생활을 할 수 있기 때문이다. 병정개미의 사회는 명령에 의해 다른 개미의 집을 공격하고 알을 빼앗아 노예로 만든다. 개미의 세계에서도 약육강식이 이루어지는 것이다. 하물며 인간들은 욕망이 다극화되어 있는 만큼 가진 자와 못 가진 자로 극단적인 차이가 벌어진다.

여성의 연간 수입을 예로 들어 보자.

대학을 졸업한 여성과 중학교 출신의 여성이 30세가 되었을 때의 평균수입은 놀랍게도 2배 이상 차이가 난다. 중학교밖에 나오지 못한 여성은 그 후 인생에서도 대학을 졸업한 여성과 다소 격차가 벌어진 채 일생을 마치는 경우가 많다.

수입이 그만큼 차이가 나면 결혼할 즈음 고르고 고른 남자도 차이가 나는 것은 당연한 것이다. 초등학교, 중학교를 통해 평등한 교육을 받아도 실제 인생에서는 큰 불만이 생기기 마련이다. 때문에 한번 여성의 불만이 폭발하면 걷잡을 수 없게 된다.

하지만 대학을 졸업한 남자와 중학교를 졸업한 남자는 여성에 비해 별 차이가 없다. 택시 운전사 가운데 어쩌면 중학교 출신의 남자들이 더 많을지도 모른다. 남자는 그 분야에서 다행히도 자신의 역량으로 승부할 수 있는 가능성이 높은데 반해 여성의 노동시장은 그렇지 않다.

여성의 경우 중·고등학생 때까지는 인생에 있어 별 차이가 없다. 그러나 그녀들은 어렴풋이 자신의 운명을 예감하고 있다. 아니 명확하게 예측하고 있다고 바꿔 말해야 할 것 같다.

부모의 사회적 지위, 직업, 혹은 외모, 여러 가지 편차 값 등으로 계급의 차를 느낄 수 있다. 그래서 현재 놀 수 있는 만큼 놀아 두자, 재미있는 것은 모두 해 보자, 잘 나갈 때 아저씨들에게 용돈이나 받아 챙기자라는 기분이 드는 것이 당연할지도 모른다.

이는 굳이 학생에 한해서가 아니라 어느 업계, 어떤 직종에서도 일어날 수 있는 일이며 그 때문에 불만을 갖는 사람들일수록 돈을 더 많이 소비하는 것이다. 한 마디로 불만이 없는 사람들에게는 상품을 강매하려 해도 지갑을 열지 않는다.

배고픈 사람에게는 식사를 제공하는 가게가 잘 된다. 하지만 일년 내내 배가 고프고 화와 불만이 쌓인 사람에게는 식사뿐만 아니라 술도 필요하다. 즉, 두 배 이상의 돈을 쓰는 것이다.

실연 당한 여성이라면 머리를 싹뚝 자를지도 모른다. 회사의 일이 재미없는 여직원이라면 계속해서 남자를 만나려고 할 것이다. 그러다 보니 패션용품이 잘 팔리고 섹스용품도 대성황을 이루게 되는 것이다.

마찬가지로 학교수업은 재미없는 데다 불만까지 쌓인 여학생은 새로운 패션이나 화장에 열중할 것이 분명하다. 그녀들은 규제를 받으면 받을수록 불만이 쌓여간다.

즉, 장사란 이러한 반발족(族)에게 시선을 돌리면 성공할 수 있다는 결론이 나온다.

마침 요즘은 10대가 반발족의 중심세대이기 때문에 마츠모토키요시(역주: 약국에서 화장품을 함께 취급하는 체인점)를 비롯한 약국 등이 각광을 받고 있는데 세대에 따라 20대, 30대를 겨냥한 곳도 있다. 또 불만이 생기는 요인부터 더듬어 살펴보면 어느 세대나 이러저러한 작은 불만들이 폭발하기 직전이라는 것을 알 수 있다.

4, 50대 주부층에게는 간호 불만이 쌓여 있다. 노모를 모시기 위해 일을 그만둬야 하거나 남편에게 도움을 받으려해도 '바쁘다'는 핑계로 도와주지 않는 등 불만에 차 있다.

자연히 간호용품은 잘 팔리겠지만 단, 이런 여성심리를 모르는 기업은 환자에게 편리한 상품만을 우선적으로 만든다.

이런 점이 잘못되었다는 것이다.

언뜻 보기에 환자에게 편리한 물건이 좋을 것 같지만 간호를 하는 주부에게 있어 그것이 무겁거나 크면 불만은 더욱 배가 된다. 즉, 간호할 주부의 불만을 해소할 수 있는 상품이 더 잘 팔리게 되는 것이다.

상황의 저변에 깔린 내용을 읽을 줄 아는 기업만이 성공한다.

본디 간호를 받는 노인 쪽은 불만이 있어도 좀처럼 말하지 못한다. 어쨌든 자신을 위해 일해 주는 사람이 있다는 것만으로 감사해야 할 입장이기 때문이다. 자신의 불만보다 간호해 주는 사람의 불평 불만, 짜증나고 괴로운 것을 우선시해야 함은 당연하다.

따라서 간호용품은 간호하는 쪽의 희망을 최우선으로 삼아야 하고 받는 쪽의 편의에만 눈을 돌려서는 안 된다. 그렇지 않으면 일부 사람들의 불만의 공격 대상이 될지도 모른다.

이혼의 경우도 여자 쪽에 불만이 클 수 있다는 것을 누구나 짐작하고 있다.

그래서 양육문제가 이혼 소송의 핵심이 되면 판사조차도 여성의 편을 들어 준다. 요즘은 이혼할 때 남편 쪽은 위자료 등의 상당한 부담을 각오하지 않으면 안 된다. 약간 의아하겠지만 아내 측의 변호사, 즉 남편을 공격하는 측에 사람이 많이 모이게 된다. 이렇게 생각한다면 불만의 종류를 철저히 분석하고 그에 대한 해답을 제시하는 회사나 점포 쪽이 반드시 발전해 갈 것이다.

크고 작고, 길고 짧고, 두껍고 얇고, 무겁고 가볍고, 색채가 있고 없고, 각이 지고 둥글고, 불편한지 편한지, 비싼지 싼지 등은 불만과 직결된 것인 만큼 상품을 선택함에 있어 충분히 고려해야 한다. 비록 상품으로써 완벽하다 해도 사는 사람, 사용하는 측인 여성에게 불평 불만을 가져다 준다면 재고해 봐야 한다.

또 이런 불만을 없앨 해소법도 생각할 수 있다.

요즘 휴대전화의 보급으로 어느 가정이나 전화카드가 남아돈다. 사용할 기회가 없기 때문이다. 이것 역시 주부들의 큰 불만 요소로 등장한 만큼 '전화카드로 모든 상품을 살 수 있다!'는 세일을 한다면 큰 반향을 불러일으킬 것이다. 소비세 서비스보다 오히려 대환영을 받을 것임에 틀림없다.

이런 전화카드 세일 이외에도 '일 엔짜리 세일' 등의 방법도 나쁘지 않다. 요즘 가정에는 일 엔짜리 동전이 서랍 안에서 잠을 자고 있는 경우가 많은데 이 일 엔짜리 세일로 서비스 용품까지 증정한다면 여성들에게도, 아이들에게도 큰 인기를 누릴 것이다.

더 나아가 오늘날의 여성들은 해외여행에서 사용하고 남은 달러 잔돈을 서랍 안에 모셔두고 있다. 이것을 시가로 환산해 사용할 수 있도록 한다면 젊은 여성들은 패션 부띠끄 등 해외에서 쇼핑하는 기분을 누릴 수 있게 될 것이다. 이러한 작은 불만을 없애 주는 것도 하나의 방법이 될 수 있다.

　오사카에 있는 식품 미니 슈퍼인 사보이 '미도우칸(味道館)' 그룹은 고객의 잔돈을 카드에 모아 2천 엔이면 5백 엔 상당의 서비스 방법을 개발하여 전국적으로 주목 받고 있다. 생각하기에 따라 다양한 아이디어를 만들 수 있다.

# 여자가 원하는 33가지

그녀의 지갑을 열어라 | 제 2부  무엇을 원하고
무엇을 싫어하는가

남자와 여자의
part 1
결정적 차이

# 허영 부리길 원한다

사람이라면 누구나 어느 곳에서나 우월감을 느끼고 싶어한다고 생각한다. 유인원인 수컷 오랑우탄조차도 젊음, 강함, 성기의 크기로 우월감을 경쟁할 정도이니 인간은 말할 것도 없을 것이다. 아버지는 아들이 아직 힘으로 대적할 상대가 아니라고 생각할수록 팔씨름 같은 힘겨루기를 하고 싶어한다. 16, 7세가 되고 조금씩 아들이 적수가 되어갈 때쯤 힘으로 겨루는 일 따위는 일체 그만두게 된다.

아버지가 아들에게 진다면 그만큼 위상에 금가는 일도 없을 것이다. 그렇지만 남자의 허영은 여자의 그것과 근본적으로 다르다. 남자들은 잘난 척 해야 할 사람에게는 하지만 동창이라든지 친구에게는 절대 그런 경우가 없다.

그런 점에서 여성은 오히려 반대로 친한 사람들에게 뽐내고 싶어한다.

모녀 사이도 예외가 아닐 정도로 특히 겉모습을 중요시한다. 즉, 허영이란 겉모습이 돋보이고 멋있어 보이는 것이며 지나치리만큼 적극성을 띠는 것을 말한다.

요즘은 벤츠의 기세가 한풀 꺾였지만 이전의 벤츠는 기업의 중역들이나

타는 차였다. 그러던 것이 지금은 가정에서도 탈 수 있는 소형 차종이 연이어 나오면서 여성의 허영을 부추김함과 동시에 그 욕구에도 딱 맞아 떨어졌다.

혼다차도 마찬가지이다. 이 차를 타면 패션의 첨단을 달리고 있다는 증거가 되기 때문이다. 이 '증거' 상품은 절대적으로 잘 팔린다. 세가의 상황이 악화된 반면 소니의 플레이 스테이션은 계속 주가가 오르고 있다. 컴퓨터 관련은 시대의 최고 상품인 만큼 무엇을 사용하고 있는 지에 따라 그 사람의 패션 센스와 큰 연관이 있고 특히 인격에도 영향을 준다.

휴대전화도 마찬가지로 구형 모델이 젊은 사람에게 외면 당한 이유도 여전히 그것을 가지고 있으면 '뒤떨어졌다는 증거'가 될 우려가 있기 때문이다. 그런 의미에서 예전에는 패션의 치장과 소품에 한정되어 있던 허영의 범위가 급속히 퍼져나가기 시작했다.

가장 큰 이유는 정리해고 시대가 되면서 소비할 돈이 줄어들었기 때문인지도 모른다. 고가라는 이름의 허영에서 정보의 속도라는 허영으로 교체되었다고 생각하면 된다. 혹은 텔레비전, 잡지 등의 매스컴 출연에 의한 허영도 들 수 있다.

예를 들어 여고생이 삼마(일본의 유명한 개그맨으로 몇 개의 인기 프로그램을 진행한다)의 방송에 1분 간이라도 나왔다 하면 그 여학생은 학교 전체에서 인기인이 된다. 니혼 TV의 '사랑의 헛소동'이라는 프로그램은 한 코너마다 수십 명의 비전문 여성을 참가시켜 삼마가 사랑과 섹스 테크닉을 질문하는 내용으로 여성들 사이에는 이 프로그램에 나가면 최고의 신분을 얻는 것과 같은 영예에 오른다. 일종의 허영을 자극하는 훌륭한 전술로 출연하는 여성들은 돈 한푼들이지 않고 오히려 출연료와 함께 유명인이 될 수도 있다. 일석이조의 허영을 위한 방송인 셈이다.

정보의 속도에 관한 한 말할 것도 없이 그에 대한 십대 소녀들의 허영은 경쟁으로 치닫고 있다. 저 가게에서 이것을 팔고 있다, 지금 저 가게에 가지 않으면 첨단을 달린다고 할 수 없다, 요즘 유행하는 메이크업은 이런 것이다, 이 유행어는 모르면 안 된다 등등, 젊은 여성들은 스피드를 허영의 제일 첫 번째로 꼽고 있다.

그 중에서도 특히 짧고 빨리 내뱉을 수 있는 반말을 사용함으로써 힘들이지 않고도 어른과 일대일로 겨룰 수 있을 정도이다. 반말은 허영을 기반으로 발달해 왔다고 해도 좋을 것이다.

# 제멋대로 말하길 원한다

제멋대로 군다는 것은 여자에게 있어 비싼 보석과 같다.

비싼 보석을 손에 넣기 위해서는 큰돈이 없으면 안 되는 것처럼 제멋대로의 행동도 자기가 상위에 서지 않고서는 할 수 없는 것이기 때문이다. 그런 의미에서 양쪽 모두 동경의 대상이며 언젠가는 손에 넣어보고 싶다는 생각을 하게 된다.

제멋대로 구는 것을 젊은 여성들이 왜 동경하고 원하게 되었을까?

부모 세대보다 아이가 적은 사회와 모성사회가 동시에 도래했기 때문이다. 아이의 수가 줄어들면 어느 가정이든 자신의 아이를 소중하게 키우게 된다. 그런데 그 가정의 실권을 엄마가 쥐게 되면서 딸의 교육방법 또한 어머니가 맡게 되었다.

어머니는 딸에 대해 '내가 이상적으로 생각한 생활방식을 가르치자' 고 생각하며, 아주 자유로운 교육방침으로 키워 왔다. 자유라기보다 방임에 가깝다. 또 모녀에 의해 부권의 강한 벽이 서서히 허물어지면서 딸은 아버지나 남자에 대해 이전 같은 강자에 임하는 공손한 태도 따위는 하지 않게 되었다.

앞에서도 언급했던 반말은 이때 유력한 무기가 된다. 그 결과 작고 제멋대로 구는 딸이 태어나 자라나고 사회는 그 제멋대로 구는 여성을 조심스레 대하지 않으면 안 되게 되었다.

지금은 남자와 여자가 일대일로 대등하게 이야기하는 것이 어려워졌다. 이런 상황은 쇼핑할 때의 모습을 생각해 보면 알 수 있다. 여자가 제멋대로 구는 행동을 받아주는 일 외에 달리 남자가 해줄 수 있는 일이 없어졌다.

물론 아직 실권이 아버지에게 있는 가정도 적지 않지만 결혼에서 젊은 남자가 상위에 설 수 없게 된 오늘날, 말하고 싶은 대로 말하는 여성이 주류가 되는 것은 피할 수 없을 것이다.

혹시라도 남성들이 이것을 허용하지 않는다면 '자급자족'을 해야만 할 것이다. 생활하면서 어떤 형태로든 여성에게 의지해야 하는 남자는 하위가 되어 의지하지 않으면 어떤 결과를 초래하게 될지 모른다. 이 '자급자족'의 2대 기준은 식사와 섹스이다.

이 두 가지를 남자가 자급자족할 수 있다면 여성이 제멋대로 구는 것에 충분히 대항할 수 있다. 즉, 남자의 자급자족 상품은 앞으로도 상당한 기세로 늘어날 것이다.

남자 요리 연구가인 마루모토 요시오의 남자를 위한 반찬 요리, 코바야시 카츠의 자급자족 요리 책이 이미 꽤 잘 팔리고 있다. 여자의 제멋대로가 한도를 넘어서면 남자 혼자서 요리를 할 수 있도록 도와 주는 요리 관련의 물건이 잘 팔리게 된 것과 동시에 불륜을 포함한 풍속영업도 놀랄 정도로 발전해 갈 것이다.

지금은 아직 폭력 조직이나 야쿠자 조직과 관련된 퇴폐영업소가 없는 것 같지만 장차 도쿄주식시장 일부 상장의 유명 기업이 이쪽에 나설 가능성도 있고 반대로 퇴폐영업소가 상장기업으로 나설지도 모른다.

술, 금융, 영화, 가수 그리고 스모의 지방 순행은 바로 최근까지 폭력 조직과 끊을래야 끊을 수 없는 분야였다. 그러던 분야가 어느 사이엔가 일류의 자리로 접근해 왔다.

지금은 퇴폐영업소의 지위가 낮지만 가령 소니나 혼다(어디까지나 가정이지만)가 개입한다면 눈 깜짝할 사이에 지위가 올라갈 것이다. 말하자면 '오늘의 이단이 내일의 정통'이 될 가능성이 높다는 뜻이다.

도쿄·간다(神田)의 스즈랑 거리에 스즈랑도우라고 하는 작은 서점이 있는데 이 서점은 일반 서점보다 밝은 조명 아래 삼류라고 일컬어지는 매춘, 섹스, 헤어 누드 관련의 잡지나 서적을 비치해두고 있다. 동시에 일반 서적인 컴퓨터 관련 잡지·서적도 팔고 있다. 요즘 젊은 사람은 이 두 가지 대상에 무한한 욕구를 갖고 있다. 즉, 그들의 머리 속에는 컴퓨터도 헤어 누드도 동등한 취미로 자리 잡고 있는 것이다.

빛나는 조명 아래에서 양극단의 모습이 함께 초점을 맞췄다는 사실은 적어도 삼류의 것을 일류의 반 정도 높였다고 할 수 있다. 매상도 일본에서 평당 최고가 아닐까 할 정도로 초일류급이다.

이 고객층은 어쩌면 여자가 제멋대로 구는 것을 싫어하는 자급자족형일지도 모른다. 여자의 마음을 연구하다 보면 반대로 남자의 욕구도 보이게 마련이다. 덧붙이면 이 서점을 연 남자는 필자 밑에서 여자의 마음을 연구했던 한 사람이다.

# 모여있길 원한다

여성은 고독해짐에 따라 무리를 형성하고 싶어한다.

반대로 남자는 강해지고 싶어서 무리를 형성한다. 그리고 고독해지면 어디까지나 혼자 초연하게 관철하고 싶어하지만 여성은 오히려 고독을 달래주는 집단과 연인을 원한다.

여기에는 세 가지 이유를 생각할 수 있다.

> (1) 이야기하는 것으로 고독을 해소하고 싶어한다
> (2) 정보를 얻는 것으로 안심하고 싶어한다
> (3) 누군가 도와줄 거라는 확신을 갖고 싶어한다

요즘 텔레비전 프로그램은 시청자 참가 형태나 다수의 패널들이 나오는 형태, 그렇지 않으면 탤런트 집단으로 구성된 잡담 형태로 분류된다. 어느 쪽이나 스튜디오 가득 사람들을 채우는 스타일로 여성들이 좋아하는 '무리'를 만들고 있다.

이 형식을 장사에 대입해 생각해 보면 가게 안은 많은 무리를 수용할 수 있을 만큼 넓은 곳이어야 한다는 것을 알 수 있을 것이다. 편의점과 약국에서도 패스트푸드점과 지금 유행하고 있는 커피숍에도 어중간한 넓이로는 어림없다. 그녀들은 가게 안에서 끊임없이 이야기를 나누며 정보를 얻는 동시에 동료들에게서 어드바이스를 구하지 않으면 답답해하기 때문이다. 적어도 몇 명의 동성이 들어갈 수 있을 만큼의 넓이가 아니면 즐거운 공간이 될 수 없는 것이다.

이 형식은 상점가에서도 볼 수 있다. 나오키 문학상을 수상한 작가 아사다 지로도 양장점을 경영하고 있는데 그에 따르면 가게에 대해 열심히 생각하고 연구해 보았지만 이것이 전부가 아니었다고 한다. 가게가 위치한 상점가를 고려하지 않는다면 가게 그 자체를 포기해야 할지도 모른다고 한다. 무리 지어 걸을 수 있는 길이나 광장이 없으면 즐거운 시간을 가질 수 없기 때문이다.

하라쥬쿠와 시부야가 젊은이의 거리로 불려지는 이유도 집단으로 시간을 보낼 수 있기 때문이며 이는 건물 한 개의 힘이라기보다 장소의 힘, 즉 자기 장이 강력하게 작용한 결과인 것이다.

그런 의미에서 강력한 리더가 필요하다. 아이러니컬하게도 여성화 사회로 지칭되는, 여자들로 넘쳐나는 거리와 상품, 상점이 생겨나는 지금의 사회에서는 민주주의 타입의 기업은 잘 되지 않는다. 그 이유는 다수결의 원칙에 따르면 꼭 남성 우위의 결과가 나오기 때문이다.

10명이 모여 임원회의를 연다면 적어도 6 대 4로 남성이 유리해진다. 가령 백 명의 임원들이 모인 회의였다면 80표는 남자들 편일 것이다. 보다 확대 해석하면 어느 기업에서도 가능한 한 여성의 힘을 죽이고 싶어하기 때문에 노동조합에서조차도 똑같은 상황이 벌어진다.

그런데 독재자형 기업에서는 한 사람이 여성 상위 사회를 예견하면 그것이 쉽게 통하게 된다. 가령 임원이 반대한다 해도 오너에게는 반항할 수 없기 때문이다. 과거 다이에의 나카우찌 이사오, 세종의 츠쯔미 세이지, 최근의 마츠모토키요시의 마츠모토 카즈나, 극단 사계의 아사리 케이타, 카도가와쇼텐의 츠구히코 씨에 의해 거느려지는 기업이 강력한 자기장을 형성할 수 있었던 것은 독재자의 힘에 있었다. 아마 하라쥬쿠, 시부야 혹은 고객을 모으는 능력이 뛰어난 거리의 리더는 상당히 독재적인 힘을 발휘하고 있는 것은 아닐까.

그러나 점점 리더의 힘이 쇠퇴해져 집단 지도형으로 바뀌면 어느 사이엔가 젊은 여성 고객을 향한 발언권을 잃게 된다. 다이에도 세종도 그렇게 된 전형적인 케이스이다.

다카라라는 장난감 회사에서 회장인 아버지가 사장인 아들을 해고하는 사건이 있었다. 부친은 옷을 갈아 입히는 리카인형을 비롯해 많은 히트 상품을 세상에 내놓은 아이디어맨이었다. 그에 비해 아직 실력이 없는 아들은 부친과 같은 독재스타일을 피해 집단지도형으로 소규모 회사를 계속 경영해왔는데, 회장인 부친에게는 이것이 불만이었던 것이다. 그리고는 자신이 다시 진두에 서게 되었다.

혹시 부친의 권력이 약해진다면 다음 번 쿠데타는 성공할 지도 모른다. 형식으로써는 정당하기 때문이다. 부친이라면 지금도 여성 고객을 끌어 모을 수 있을지도 모른다. 단, 옛날 같은 번뜩이는 아이디어를 계속 내는 경우에 한해서 하는 말이지만…….

# 감성을 중요시 한다

반복하지만 여성들은 모여있기를 원하되 열중할 수 없는 장소에는 접근하지 않는다. 어중간한 곳에서는 흥이 깨져 버리기 때문이다. 바람을 피울 때에는 반사회적일지라도 그것을 잊게 할 정도로 정열적인 남자가 아니면 싫어한다. '늦었으니 돌아갑시다' 하고 종을 땡땡 치는 거리에는 절대 가지 않을 것이며 헤어스타일을 규제하는 학교에는 모이려고 하지 않는다. 몰두할 수 있고 빠질 수 있는 가게와 거리를 원하고 있는 것이다.

나무를 이야기하고 있을 때 철에 대한 이야기를 해서는 안 된다. 필자가 현장의 편집장으로 있었을 때 부하에게 자주 이런 말을 했다.

감성이 다르기 때문이라고……

나무에는 다양한 로망이 있다. 나무 그늘에서 사랑을 이야기할 수도 있고 통나무집에서 즐거운 꿈을 꿀 수도 있다. 또 푸른 바람도 느낄 수 있을 것이고 호수에서 보트를 저을 수도 있다. 여성의 감성은 그만큼 무한하게 퍼져 나간다.

이것에 반해 남자는 나무와 철을 같은 재료로 생각해 버린다. 분명 흙 속에서는 똑같이 썩어 가고 나무로 만든 배도 철로 만든 군함도 마찬가지로 바다에 뜨기 때문에 머리 속에서는 별 차이가 없다고 해도 무방하다. 건물로 치자면, "부인, 목조 건물 집보다 철근 구조의 집이 유지하기 편합니다."라는 상황이 일어나게 된다.

그 순간부터 여성은 마음속에서부터 이런 남자를 경멸하게 된다. 어쩌다 이런 남자와 결혼이라도 하게 되면 목제 침대가 아닌 병원과 구치소에나 있을 법한 철제 침대에 자게 될 거라고 생각하는 여성도 있을 것이다.

이 감성의 결정적인 차이가 장사의 승패를 좌우할 수도 있다.

어느 우동가게의 실화이다.

우동에 사용되는 면을 직접 반죽해서 만든다는 것을 알리기 위해 주인이 발로 반죽을 밟고 있는 사진을 보여줬더니 여자 고객이 한 사람도 남지 않고 나가버렸다는 내용이다. 실제로는 새로 산 양말을 신고 반죽 위에는 행주를 얹었지만 기름지고 살찐 남자가 반죽을 발로 밟는 작업 모습은 여성에게 있어 과히 기분 좋은 느낌이 아니었을 것이다.

이와 비슷한 이야기로 '우리 가게의 육수는 끝내준다' 면서 양동이에 있는 것을 국자로 떠서 냄비에 넣는 라면 가게도 있다. 이것이 된장국이나 스프였다면 어땠을까? 입으로 넘길 수 있을 것이라고는 도저히 생각할 수 없지만, 이러한 감성을 남자들은 의외로 경시한다.

거품 경제가 한창이었던 때 온천 여행에서 연회장 관계자인 여성이 마치 소화기처럼 짊어진 용기에서 노즐을 이용해 된장국을 잇달아 그릇에 넣는 장면을 몇 번인가 맞닥뜨린 적이 있다. 지금쯤 이 여관은 분명 망했을 것이다.

예를 들어 역으로 여자 고객을 마중하러 갔다고 하자. 가방을 찾고 승강장으로 향했지만 공교롭게도 택시는 한 대도 없다. 이때 남자는 무의식적으로 가방을 땅에 놓아버린다. 단지 이런 행동만으로 여성이 싫어하는 남성 수는 어마어마하다.

큰 트렁크 외에 여성의 물건은 그녀가 말하지 않는 이상, 바닥에 두어서는 안 된다. 남자의 입장에서 보면 땅과 도로가 일단 깨끗하면 아무런 거리낌 없이 바닥에 놓아 버리지만 청결함을 좋아하는 여성 중에는 개의 오줌이나 누군가 콜라를 흘려 끈적거릴지도 모른다는 더러운 장면만 상상되기 때문이다. 이런 청결족의 감성을 모른다면 연애도 하기 힘들다.

'당신은 좋아하지만 그 냄새는 싫어' 라고 하는 여성이 늘고 있다.

지금까지라면 남자를 좋아하면 조금 입 냄새가 나거나 땀 냄새가 나도 용서해 줬다. 그런데 지금은 다르다. 당신이라는 존재는 좋아하지만, 냄새를 싫어하기 때문에 안고 싶지 않다든지 사랑을 강요하는 방법이 야비하기 때문에 섹스는 못하겠다는 경우가 급증하고 있다.

시각적으로는 합격점을 받아도 후각과 촉각이 불합격이라면 어처구니없는 난제를 남자들은 만나게 된다. 그런 점 때문에 남자들을 위한 감성 상품이 잘 팔리게 되었는지도 모른다. 이런 상품은 앞으로도 폭발적인 인기를 구가할 것이다.

나도 가방 안에 껌부터 시작해 구강제 등을 넣고 다니지만 아내와 딸의 강제적인 지령에 의해서이다. 그녀들의 감성이 인내의 한계를 넘지 않을 정도로 남자들은 맞춰 줘야 한다. 여성들은 감성이 맞는 남자를 만나면 그 남자에게 끌리게 되는 것이 당연하며 그와 반대로 감성이 맞지 않는 남자들에게 여성의 접근이란 전무하다고 보면 된다.

# 흥분하길 원한다

　'국, 밥, 김치'로 자란 세대는 초식동물이었지만 '스프, 빵, 고기'로 자라온 세대는 완전한 육식동물이다. 같은 민족이라 해도 토끼와 소, 양과 같은 얌전한 타입도 있었지만, 대부분은 체격이 커지고 강한 치아와 단단한 손톱을 지닌 종류로 변화해 왔다. 이 육식동물의 암컷이 지금의 여성이라고 생각하면 될 것이다.

　이 육식계의 특징은 초식계에 비해 움직임이 격렬하고 흥분의 정도도 강렬하다. 초식시대에는 언제 적에게 당할지 모른다는 불안으로 가능한 한 조용히 생활해 왔다. 조금이라도 소리를 내면 그 자리에서 잡아먹힐지도 모른다. 그래서인지 옛날 여성들은 있는지 없는지도 모를 만큼 집 안에서 조용히 생활해 왔는데 최근의 육식계 여성의 딸들은 남성을 향해 단단한 치아와 손톱으로 대응을 하고 격퇴하는 방책까지도 알고 있다. 힘을 한번에 폭발시킬 수도 있다.

　또 일반적으로 육식동물 쪽이 생명이 짧다. 그래서 살기 위해 싸우고, 싸우기 위해 살아가는 생활을 하게 되었다. 수명이 짧아질 것으로 예측되는 오늘날의 여성 생활 방식 그대로이다.

흥분이 없는 생활은 하고 싶지 않고 흥분할 수 있기 때문에 더욱 살아가는 가치가 있다고 생각한다. 남녀 관계에서도 일부일처로는 흥분할 만한 사건은 일생 일어나지 않는다. 남아도는 생명력을 그렇게 연소할 수는 없는 것이다.

한 조각의 굳은 치즈는 장시간에 걸쳐 체내에서 연소되어 에너지가 되지만 곰팡이나 세균으로 숙성된 프랑스의 카망벨, 림버거와 같은 연질 치즈는 단시간에 분해되어 금방이라도 사용할 수 있는 정력이 된다.

말하자면 현대의 여성들은 카망벨을 닮았다. 흥분을 억제하는 일은 할 수 없다. 이 체질은 본래 남자의 특성이었지만 어느 샌가 젊은 여성들의 것이 되어 버렸다. 광고 속 여성들의 모습은 달리고 있으며 쉴 틈도 없이 움직이며 활발히 일을 한다.

말하자면 현대 여성들은 흥분을 잘하는 체질인 것이다.

활발히 일하는 여성의 라이프 스타일은 결혼 의식을 사라지게 하였고 독신을 즐기는 즐거움을 온몸으로부터 발산하고 있다. 어쨌든 1995년도 국세조사에서 30세부터 39세까지의 여성 백 명 중 스무 명은 독신이라고 한다. 현재 대략 25명, 즉 30대의 4명 중 1명은 결혼을 안 했고 그다지 할 마음도 없는 것이다.

지금까지는 거리를 활보하면서 노는 여성들이 십대나 이십대였을 것이라고 생각하겠지만, 실제로는 그렇지 않다. 삼십대까지 그 수를 더하고 있기 때문에 어느 거리나 할 것 없이 더욱 더 여자로 넘쳐나는 것처럼 보인다. 이 육식계 여성이 무리를 이루어 GLAY(일본의 록 밴드) 등의 록 콘서트에 가면 그곳은 그녀들에 의해 흥분의 도가니로 변한다.

지금 시대는 '탤런트와 관객'으로 나누는 것에 의미가 사라졌다. 텔레비전 등에서도 함께 즐기는 프로그램이 늘고 있듯이 탤런트와 관객을 구별하는 것 자체가 옛날 방식이 되었다.

하라쥬쿠와 아오야마, 시부야 근처에는 남성 출입금지의 성인 용품점이 있다. 커플은 괜찮지만 기본적으로 여성 고객만을 위한 곳이다. 그런 가게가 잘 될까 싶지만 충분히 잘 되고 있다. 여성들은 멋을 내는 용품을 원하듯이 흥분을 일으키는 용품도 갖고 싶어한다. 말하자면 성생활도 포르노도 패션인 것이다.

여기까지 이야기가 흐른 이유를 굳이 말한다면 체내의 흥분이 극도로 높아지는 것이 육식동물이기 때문이다. 그녀들은 태연하게 남자를 '먹었다'고 표현할 정도가 되었다. 남자들과의 관계도 '세 번 먹었다, 열 번 먹었다'는 식으로 아무렇지 않게 표현한다.

# 다른 인격이 되길 원한다

남자와 여자의 선글라스 사용법은 큰 차이가 있다. 남자들 대다수는 ①운전 중 직사광선을 피하기 위해 ②멋있음을 강조하기 위해, 이 두 가지이다. 그 중에는 탤런트처럼 신원이 드러나지 않도록 조심하기 위한 이유도 있다.

이에 비해 여성의 경우는 ①, ②의 이유도 물론 있지만 대부분은 다른 인격이 되고 싶다는 목적 때문이라고 한다. 여성은 남자들만큼 드러내 놓고 인격을 바꿀 수 없다. 남자들은 때에 따라 품위가 없어질 수도 있고 반대로 고상하게 될 수도 있다. 회사의 경영자가 바로 전까지는 고상한 이론을 내세우고 있다가도 다음 순간 옆의 여성에게 '오늘 밤, 함께하지 않겠습니까?' 하며 너무도 쉽게 다른 모습을 드러낸다.

여성은 그렇지 않다. 예를 들어 클럽이나 바, 술집, 가라오케라면 어느 정도 인격을 바꿀 수 있겠지만 거리에서는 어렵다. 그래서 선글라스를 쓰고 보통 때의 성격을 큰마음 먹고 바꾸려는 것이다. 십대는 화장을 하거나 피어싱을 3, 4개씩 해서 학생이라는 인격을 없애려고 한다. 말하자면 화장을 하는 것도 선글라스를 쓰는 것과 같은 일종의 가면을 쓰는 상태가 되는 셈이다.

이제까지의 패션은 '어울린다'는 요소가 필수조건이었다.

'잘 어울리십니다'라는 말이 판매원의 키워드였다. 고객도 어느 것이 자신의 인격에 딱 맞는지 자신의 스타일에 부합하는지가 선택의 최고 조건이었다. 그런데 다른 인격이 되고 싶어하는 여성이 늘어난 지금은 전혀 다른 자신을 연출하는 것이다.

그 때문에 가발을 사용해서 헤어스타일부터 바꾸고 동시에 여학생들은 화장실과 같은 장소에서 전혀 다른 사람으로 변해 버린다. 바꿔 표현하면 한 사람의 여성이 동시에 두 개의 인생을 살려고 한다는 것이다.

이렇게 되자 판매원도 "마음껏 색상을 골라 보세요? 지금 당장 그 매력을 느낄 수 있을 겁니다."와 같은 표현이 필요하게 되었다. 미국의 미용실에는 헤어 담당자가 "돈은 받지 않아도 좋으니 꼭 헤어스타일을 바꿔 드렸으면 좋겠군요. 제가 생각하는 당신의 매력은 이런 스타일이라고 생각해요."하며 쓱쓱 디자인을 그려 여자 고객에게 은근히 강요할 정도라고 하는데 이런 식으로 말하면 설령 조금 불안하다 하더라도 그냥 바꿔 볼까 하는 기분이 된다고 한다.

생활 방식의 샘플이 주위에 얼마든지 넘치고 있기 때문이다. 분명 결혼해서 행복한 가정을 갖는 것도 좋지만 가능한 지금의 일도 계속 하고 싶고 숨이 막힐 정도로 사랑도 해 보고 싶다. 혹은 행복해 보이는 남자를 자신의 매력으로 유혹해보는 건 어떨까 등등, 이것도 먹고 싶고 저것도 먹고 싶고, 이렇게도 살아 보고 싶고, 저렇게도 살아 보고 싶다는 욕망으로 부풀어오른다.

변신을 꿈꾸는, 나 아닌 다른 사람이 되길 원하는 사람들에게 앞으로는 옷, 화장품, 구두라고 하는 기존의 상품별 점포로는 그 욕망을 만족시킬 수 없게 될 것이다.

그런 의미에서 다음 세대에는 어떠한 복합형 가게를 형성하여 어느 업종과 연대하는가가 최고 키포인트가 된다. 어느 쪽이 됐든 물건만 파는 가게는 망하게 될 것이다. 왜냐하면 여성 고객은 물건을 사러 오는 것이 아니라 라이프 스타일을 사러 오기 때문이다.

# 놀이를 중요시 한다

인간의 삶에서 빠져서는 안 되는 것이 의식주 확보였다. 이 중 어느 것 하나라도 빠지면 살아갈 수가 없다. 인간의 인생 영위란 이 세 가지의 확보에 있다고 해도 좋을 것이다. 그런데 현재는 일부 사람들을 제외하고 대부분 이 세 가지 확보에 성공했다. 그래서 그 다음 단계로 인간은 놀이에 눈을 돌리고 있다.

그 중에서도 여성들은 오랫동안 가정에 속박 당했다는 반동 심리까지 더해 이상하리 만큼 놀이에 대한 집념을 나타낸다. 이 놀이의 내용은 굉장히 광범위하고 단순히 여자친구와 수다떠는 차원이 아니다. 한마디로 말하면 마음을 열고 즐길 수 있는 것이라면 무엇이든지 좋다고 해도 좋을 것이다.

그렇게 되면 의식주도 놀이의 범주에 들어간다. 이제까지의 추위와 더위를 막아주던 의복이 마음을 열고 즐길 수 있는 의복이 되는 것이다. 그리고 피부나 살결을 감추던 것이 목적이었던 것이 반대로 노출하기 위한 목적으로 요구된다. 유리 섬유든, 피혁이든, 비닐이든, 여하튼 여성의 마음을 밝히고 넓히는 것이라면 무엇이든 좋다.

좁은 사고방식에서 볼 때 놀이의 기본은 유원지 정도가 될 것이다. 현재 테마 파크로 성공을 거두고 있는 도쿄 디즈니랜드를 비롯해 전국적으로 몇 군데가 있지만, 최근에는 이런 놀이만을 위한 것이 아닌, 컴퓨터와 텔레비전, 휴대전화 등과 같은 일과 놀이를 합친 것들이 무한대로 확대되고 있다.

이렇게 놀이가 확대됨에 따라 놀이 심리가 성장해 간다. 그리고 놀이 심리는 남자보다 여자 쪽이 갖기 쉽다고 한다. 원래 남자 쪽은 성실하다. 아니, 성실함을 가장하지 않으면 사회의 중심에 자리잡을 수 없었다. 이것이 오래 계속된 결과 남자들의 얼굴도, 마음도, 놀이 심리도 여유와는 멀어져 버리게 된 것이다.

그런 점에서 여성은 유연하다. 그녀들은 공부까지도 놀이와 연관지어 할 수 있다. 외국어 습득면에서 보면 남자가 열심히 사전을 찾고 있는 동안 여자는 좋아하는 남자와 놀면서 마스터한다.

즉, 어떤 장사든 놀이 심리를 반영시켜 장사를 한다면 잘 될 것이다. 요즘은 고가의 상품 판매를 위해 연애라도 하는 듯한 착각에 빠지게 하여 구매하게 한다. 남성 세일즈맨이 여성 고객에게 여성 세일즈맨이 남성 고객에게 나쁘게 말해 미인계로 물건 살 것을 강요하는 것이다.

그리고 이것을 깨달았을 때는 좋아하는 남자(여자)가 말하는 대로 고가의 상품을 구입한 처지가 되고 마는데 이는 일종의 악덕 상술이라고 해야 할 것이다. 그러나 혹시 그 고가의 상품이 그만큼의 가치가 있다면, 그것은 악덕 상술이 아니라 놀이 심리를 이용한 세일즈가 된다. 단적으로 말해 바나 캬바레, 클럽 등은 이 세일즈와 한치도 다르지 않다. 아니 요식 관련 장사는 모두 이런 세일즈라고 해도 좋다. 고급 와인과 브랜디는 미인계로 팔고 그 마진은 가게 몫이 되는 것이다.

단, 문제는 속이는 것은 안 되지만 이런 놀이 심리를 자극해서 세일즈에 이용하는 것을 오히려 여성 쪽에서 원한다는 것이다. 미용실에 멋진 남자 미용사가 있으면 여자들은 그 가게로 갈 것이며 마사지사가 잘 생겼다면 여자 고객이 줄을 설 것이다.

그 때문에 편의점에서도 슈퍼에서도 놀이 심리를 이끌어내는 남성과 여성 종업원을 어떤 방식으로든 빨리 채용하려고 한다. 요즘은 카리스마 넘치는 점원이 주목 받고 있는데 어떤 가게에서도 그러한 종업원을 만들 수는 있다. 굳이 그렇게 하라고 하는 것은 아니지만 그렇게 하면 매상이 배로 급증할지도 모른다. 그러한 가능성이 있다면 학생의 등교율을 높이기 위한 방법으로 탤런트들을 학교에 입학시키는 것도 좋을 것이다.

현재 와세다대학이 히로스에 료코라는 인기 탤런트를 입학시켜 지원율이 조금 올랐다. 학문의 장에서 연예인을 선전용으로 사용했다는 좋지 않은 평판도 있지만 그 사람들이 입학하는 것이 아닌 이상 상관없다. 이 방법을 대학이외에 어떤 장사에 응용할 수 있을지 키워드가 될 것이다.

# 지적인 것을 원한다

논밭을 갈던 시대의 남자들에게는 힘이 필요했지만 이제는 컴퓨터 시대를 맞아 앎(지식)을 필요로 하게 되었다. 남자가 여자에게 미움을 사게 된 것은 문자 그대로 '밭에서 힘만 발휘' 하는 것이 남자라고 오해하고 있기 때문이다. 그렇다면 남자는 힘 대신 앎이라는 문자로 대치해야 하고 그렇게 되면 여자들은 그 앎이라는 존재에 몰려들게 될 것이다. 한사람 한사람의 남자가 지적 존재가 된다면 인기를 얻는 것은 문제도 아니다. 나아가 장사도 할 수 있을 만큼 여자들이 다가온다. 그렇다면 하루빨리 바꾸는 것이 바람직하다는 것 정도는 알 수 있지 않을까.

그렇지만 여성이 말하는 앎은 남자가 생각하는 앎과는 약간 다르다.

남자는 앎이라고 하면 학문을 생각한다. 대학 가운데 도쿄대가 지적 수준이 높다고 생각하고 중·고등학교밖에 나오지 않으면 열등의식으로 위축된다. 모든 일은 도쿄대를 정점으로 한 피라미드를 형성해갔다.

하지만 여성은 다르다. 앎이란 멋있는 것이고 당당한 것이다. 비록 중학교밖에 졸업하지 않았어도 멋있고 항상 당당하게 행동할 수 있는 사람은 지적인 남성인 것이다. 그렇기 때문에 여성들에게 있어 개그맨 등 연예인이라도 그 세계에서 멋있고 당당한 배우는 훌륭한 지적 존재로 비춰지는 것이다. 비록 도쿄대를 나와 검찰청과 아사히신문에 들어가 열심히 일하고 있다 해도 뒤에서 소곤거릴 줄만 아는 남자는 '밭에서 힘만 쓰는 남자' 일 뿐, 지적 존재라고 인식하지 않는다.

이 점에 대해 남자들은 그것은 표면적일 뿐, 두뇌를 포함한 지적능력이야말로 제대로 평가 받아야 할 것이라고 생각하고 있다. 그러나 이 부분에서 여성들과 큰 차이를 보인다. 속은 겉으로 표현되어야만 빛나는 것이고, 겉이 단순하면 속이 어떻든 퇴물로밖에 여기지 않는 것이 여성들인 것이다.

그러므로 장사도 그에 걸맞은 겉모습을 필요로 한다. 가령 정육점의 아저씨가 대머리라면 특별히 문제가 되지 않지만 미용실을 경영하는 사람이 대머리라면 곤란하다. 그리고 서점의 주인이 안경을 쓰고 있다면 멋있지만, 라면 가게 아저씨가 안경을 쓰고 있으면 요리에 방해가 되어 라면 맛이 이상해 질 것이라고 여성들은 생각한다.

그녀들은 대머리여서, 몸집이 작아서, 추남이어서 차별하지 않는다. 단지 어울리는 모습이길 원하는 것이다.

그런 사람은 늘 당당하다. 해외에 나가면 와인을 따라 주는 쏘믈리에가 있는데 정말 멋있다. 하지만 그들은 특별히 로마대학을 나온 것도 아니며 오히려 그 중에는 초등학교밖에 나오지 않은 사람도 있을 것이다. 그래도 그들은 빛나 보인다. 이러한 지적 존재가 되길 여성들은 바라고 있는 것이며 그러한 가게 주인이 있는 곳이라면 어디든 찾아간다.

한가지 더, 앎에는 지식뿐만 아니라 지혜, 지능, 지각도 포함된다. 흔히 지식이라고만 생각하겠지만, 그것이 지혜라면 세상은 어른다운 어른으로 넘칠 것이고 지각이라면 무의식적 의식을 포함한 종교적인 분위기를 갖춘 사람처럼 예리할 것이다. 그래서 여성은 연령을 뛰어넘어 중년층의 남성을 동경하기도 하고 또 종교에 빠지기도 한다.

이렇게 되면 유치한 이론만 남용하는 엘리트 대학 졸업생을 도저히 상대하지 않을 것이다. 상점 경영자도 자기 자신이 어떻게 하면 매력적으로 보일지 우선 연구해야 하고 장사에 어울리는 외모로 꾸밀 수 있을지 고심하는 게 좋을 것이다.

때로는 예언자풍의 외모도 좋지 않을까. 저널리스트, 점쟁이, 사진가, 세일즈맨 같은 사람들의 경우는 첫 인상부터 자신의 직업을 드러내는 경우가 있지만 상점 주인의 경우, 제각기 자신의 일에 걸맞게 치장하는 사람을 본 적이 거의 없다. 닮은 점이 있다면 게을러서 미처 깎지 못한 수염 정도일까……. 또 구겨진 바지에 샌들 차림일지도 모르겠다.

이런 모습을 지적 존재라고 할 수 없다.

여성들은 가게 구조와 상품 구성만 보는 것이 아니다. 제일 먼저 거기에서 일하는 사람을 주목하고 있다는 것에 염두해 두어야 할 것이다.

# 납득할 만한 이유를 원한다

남자가 여자의 마음을 알 수 없듯이 여자도 남자의 마음을 이해하기 어렵다. 예를 들어 결혼을 하고 나서 '아이 갖는 것은 그만두도록 하자'는 말을 갑작스럽게 남편으로부터 듣게 된다면 여자는 까무라칠 정도로 놀라게 될 것이다. 그런 결론을 내리기까지 나름대로의 이유는 있겠지만, 남자는 결론부터 말하는 버릇이 있음과 동시에 단정적으로 말하는 타입이 많다. 그런데 여성은 결론에 이르기까지의 과정을 알고 싶어하고 그것에 따라 납득할지 어떻게 할지를 결정하게 된다.

어느 날 '나, 회사 그만 둘 거야'라는 말을 남편에게 듣게 된다. 하지만 대부분의 아내는 남편이 왜 회사를 그만두는지 그 정당한 이유를 설명 듣기 전까진 전혀 납득할 수 없다. 이와 같이 여성은 항상 남자에게 '왜?' '어째서 그런 거야?' 하고 끊임없이 묻는 존재인 것이다.

그런데 남자들은 설명하기를 귀찮아하고 더욱이 토라지거나 우는 것을 두려워하기 때문에 되도록 단시간에 끝내려고 한다. 이렇게 해서 서로의 골이 깊어지게 되는 것이다.

상점에서도 아무런 예고나 설명도 없이 '전품목 대바겐 세일'을 하면 고객은 의아해 할 것이고 정말 싸게 팔고 있는지 의심하게 될지도 모른다. 그래서 왜 싸게 파는지에 대한 설명으로 개점 1주년이라든지 폐점 고별 세일 등의 선전 문구가 필요한 것이다.

러브호텔에 들어갈 때도 '갑자기 배가 아파서 걸을 수 없어'라며 얼굴이 빨개지면 그것이 남자의 연기라는 것을 알면서도 여성은 우선 납득할 이유가 있는 만큼 절대 싫다고는 말하지 않을 것이다. 하지만 억지로 호텔에 밀어 넣으려고 하면 무례하다는 느낌을 줘 그녀를 화나게 만든다. 오히려 정직한 쪽을 싫어하는 것이다.

옛날부터 '여자에게 거짓말을 해서는 안 되지만 과장되게 말하는 것은 용서받는다'는 말이 있다. 사랑하지도 않으면서 사랑한다고 말하면 언젠가 문제가 일어날 수도 있다. 하지만 조금이라도 호의를 가지고 있다면 '좋아한다'고 말해도 괜찮고 거기에 조금 과장된 어조로 '너무 너무 좋아 죽겠어'라고 해도 용서가 된다. 좀더 오버해서 '지금 널 안지 않으면 오늘 밤 잠들 수 없을 것 같아'라고 한다면 어느 정도 강요해도 무방하지 않을까?

단, 동시에 '왜 날 좋아하는 거야?'에 대한 이유를 대지 않으면 안 된다. 혹시 남자 쪽에서 말하지 않으면 반드시 여성 쪽에서 '왜 나야? 단지 안고 싶어서?' 하고 추궁할 것이다. 추궁 당한 후 설명하기란 사실 어색하며 때로는 횡설수설하는 모습까지 보이게 된다. 그렇게 되지 않도록 먼저 '귀엽다' '예쁘다'라는 일반적인 칭찬에서부터 '너와 함께 있으면 아주 마음이 편해진다' '넌 착해서 좋아. 나도 너처럼 되고 싶어'와 같은 개성적인 칭찬을 아끼지 않아야 할 것이다.

　그것으로 그녀는 반드시 납득할 것이다. 이것은 여종업원을 채용할 때도 그렇고 여성 고객이 고른 물건에 비싼 값을 부를 경우에도 이용할 수 있다.

　왜 비싼지 나중에 말하면 변명처럼 들리겠지만 먼저 왜 고가인지 설명해 두면 오히려 물건에 대한 평판이 좋아진다.

　'이유는 먼저' 라는 순서가 여성에게는 철칙이란 것을 명심하자.

# 잊게 해주길 원한다

'남자는 불만, 여자는 불안' 이라는 말처럼 어떤 여성이라도 무슨 문제든 머리에서 불안이 떠나질 않는 경우가 많다. 남편과 아이가 밖에 나가면 사고를 당하지 않길 바라고, 남편이 걱정스런 얼굴을 하고 있으면 뭔가 숨기고 있는 것은 아닌가 하는 걱정으로 불안해한다. 이것은 수비형, 방어형인 암컷의 본능이라고도 할 수 있는데 아무리 '걱정하지마' 라고 해도 불안해한다.

그래서 여성은 의지하는 것으로 일시적이나마 불안을 잊고 싶어한다. '걱정하지마' 라는 말과 함께 어깨까지 감싸 안아준다면 '이 사람에게 맡겨 두면 안심이다' 라고 느끼게 하여 불안을 잊거나 누그러뜨리게 할 수 있다.

여성의 섹스가 남자보다 격렬한 이유도 실은 '불안을 잊고 싶다' 는 마음에 그렇다는 설이 있다. 가령 불륜을 저지를 때일수록 여성은 더 흥분하는 법인데 아마도 남편을 잊고 싶어하는 마음이 그렇게 만든 것이 아닐까?

여자는 호텔에 들어갔을 때 언제까지나 가만히 이야기만 하는 남자를 경멸한다고 한다. 두 번 다시 그런 남자와 사귀지 않겠지만 이 역시 처음 안기는 것에 대한 불안을 한순간이라도 빨리 없애고 싶기 때문이며 이런 여성의 심리를 모르고 어떻게든 안을 기회를 엿보고 조급해하며 이야기하는 남자는 사귀기에 부적당한 인간으로 여긴다.

이것을 심리학적으로 말하면 여성은 조기 몰입형으로, 어떤 장소라도 그 분위기에 쉽게 적응하는 성질을 가지고 있다고 한다. 이런 성질이야말로 클럽이나 바 등에서 연이어 새로운 상대가 와도 즉석에서 유연하게 대처할 수 있는 근거가 된다. 물론 생리적으로 싫어하는 타입은 있겠지만 전혀 내색하는 경우가 없다.

그런 만큼 매춘업의 여성은 매일 수많은 고객을 상대해도 어려움을 잊게 해줄 애인이 있기 때문에 그 일을 계속 할 수 있는 것이다. 이 남자는 그녀의 심리를 놓치지 않고 신속하게 망아의 경지에 몰입하도록 해 주는데 어느 의미에서는 여성 심리의 전문가라고 할 수 있겠다.

좀더 복잡한 이야기를 하자면 여자들은 이렇게 불안을 잊도록 노력을 아끼지 않았던 남자일수록 빨리 잊곤 한다. 이에 비해 그러한 노력을 하지 않았던 남자일수록 오래 여성의 기억에 남게 된다. 바꿔 말하면 좋은 남자일수록 쉽게 잊혀지고 싫은 남자일수록 오랜 잔상이 남게 된다는 것이다. 그렇기 때문에 싫은 남자일수록 복수 당할 위험성이 높다고 할 수 있다.

좋은 추억은 아름답지만 고로 허무하다. 생각하려해도 어느 정도까지는 기억이 나겠지만 그 이상은 없다. 왜냐면 여자는 생생한 촉감으로 멋진 그 남자를 기억하는 법인데 잃어버린 촉감은 두 번 다시 돌아오는 것이 아니기 때문이다.

혹시 악수를 해도 상관없는 직종이라면 이런 여성 심리로 보아 '고맙습니다' 라는 말과 함께 손을 내미는 쪽이 단연 유리하다. 촉각, 촉감형인 남성은 방어 타입인 여성에게는 안심하고 대한다. 별 것 아닌 접촉은 문제가 되지 않기 때문이다.

가게에서도 불안을 잊게 해 주고 없앨 수 있는 방법에 대해 연구하는 것이 좋을 것이다.

예를 들어 여성이 먼저 와서 남자를 기다리는 경우, '누군가 기다리십니까?' 하며 점원이 두 사람 분의 컵을 가지고 왔다고 하자. 여기까지는 눈치가 빨랐다. 이때 여성이 문이 보이는 위치에 앉고 싶어하는 것을 알아차리고 '이쪽 자리는 어떠십니까?' 하고 문이 잘 보이는 자리를 권해준다면 그녀는 틀림없이 크게 만족할 것이다. 불안을 잊게 해 주는 최고의 서비스였기 때문이다.

# 받아들이는 쪽이길 원한다

어떤 경우도 여성측에서 적극적으로 찬성을 표현하는 일은 좀처럼 드물다. 연애에서도 사랑하기보다 사랑받고 싶어하는 여성이 압도적으로 많은데 이것은 남자가 능동적인 것에 비해 여성은 수동적인 타입이기 때문이다.

수동적인 여성은 돈을 내는 경우 차근차근 설명을 듣고 납득한 후 계산을 한다.

비록 멋진 다이아몬드 반지라 해도 '멋있지요' 하고 판매원이 말하는 것만으로는 절대 사지 않는다. 멋있다는 것은 그녀도 알고 있는 사실이고 어떻게 멋있는지 한마디로 설명해 준다면 금방이라도 현금을 꺼내놓고 싶어질 것이다. '최근에 만든 거라서 다른 것보다 두 배나 더 반짝거립니다. 특히 이 섬세한 디자인은 아가씨처럼 가는 손가락에 딱이지요.'

이 정도의 설명이라면 그녀는 기꺼이 받아들일 것이다. 그 대신 여성은 상대에게 반드시 '책임지세요' 라는 자세로 끝까지 '그런 말을 들었기 때문에 산다' 라는 식으로 책임을 떠넘긴다. 하지만 누군가 책임을 져야 한다면 남자보다 여자가 더 순순히 받아들인다.

암 선고를 받았을 때도 남자는 좀처럼 납득하려 하지 않는다. 진단에 실수가 있는 건 아닌지, 왜 성실하게 살아 온 내가 암에 걸려야 하는 것인지 좀처럼 수용하지 않는다. 더구나 정리해고로 퇴직을 통고 받기라도 한다면 한없이 그의 삶은 황폐해질 것이다.

그것은 남자에게 있어 당연한 것이다. 왜냐면 남자의 인생은 개척형으로 위험돌파형이기 때문이다. 타인에 의해, 또는 생각지도 않던 이유에 의해, 자신의 인생이 결정되는 것을 못 견뎌한다.

그런데 여성의 대부분은 항상 권력자와 남자들에 의해 마음대로 결정되어 왔다. 기본적으로 운명을 받아들여야 하는 입장에 서 있었다. 이런 생활 방식이 수천 년이나 계속되었고 받아들이는 것에 점점 익숙해져 왔다. 물론 무조건 받아들이고 싶어하지는 않는다. 그래서 자신의 기분을 설득해줄 남자나 상사, 혹은 가게 주인을 찾는 것이다.

그 대신 '당신이 말하는 대로 안 된다면 책임지세요' 라는 말로 교묘히 압박을 해 오는 것이다. 성관계 중 '괜찮다' 는 여자의 한마디에 질 내에 사정한 남자가 있다고 하자. 그런데 그것이 임신이 되면 어떻게 될까? '괜찮다' 라는 한마디가 남자의 책임을 낳는 것이다. 상품에 있어서도 '훌륭한 진품입니다' 라고 했는데 가령 가짜였다면 가게 측에서 책임을 지지 않으면 안 된다. 그렇기 때문에 여성은 항상, 상대에게 책임을 묻는 듯한 말과 행동을 한다.

'설마 가짜는 아니겠지요?'

'혹시 임신하면 어떻게 해?'

'십 년 보증이라지만 만일 이 가게가 없어지면 어떻게 해요?'

'과장님은 OK라고 말씀하셨는데, 부장님은 어떠신지요?'

여성이 받아들이는 쪽에 설 때는 이처럼 집요해진다는 것을 잊어서는 안 된다.

대다수의 남자들은 여기까지는 추궁하지 않는다. 왜일까?

진짜와 가짜를 구분하지 못하는 것을 부끄럽게 여기고 십 년 보증이라고 해도 그때는 이미 이 물건을 사용하고 있지 않을 것이라고 마음속으로 생각하고 있기 때문이다. 또 과장과 부장의 의견이 엇갈리는 것은 당연하다. 결국 최종적으로 자신의 책임이 되는 것 정도는 간파하고 있다는 뜻이다.

하지만 여성은 설령 그렇다고 해도 책임을 지고 싶어하지 않는다. 이런 여자의 마음을 알아채지 못하면 나중에 트러블이 생기게 된다. 그리고 그 트러블에 대한 보상으로 생각보다 비싼 값을 치러야 할 각오를 해야 할 것이다.

# 지갑을 연 이상
## part 2

# 매력적으로 보일 수 있는가

구입한 상품이 무엇이든 간에 일단 손에 넣으면 '지금보다 매력적으로 보일 수 있다'는 생각이 들면 여성의 지갑 끈은 느슨해질 것이다.

흔히 '매력적'이라고 하면 패션 용품이나 화장품을 상상하는데 실제로는 그것만이 아니다. 아이에게 옷을 잘 입혔다면 그 엄마가 한층 눈에 띌 수도 있고, 남편의 넥타이 하나로도 자신이 보다 매력적인 아내로 비춰질 수 있다는 사실에 가슴 뿌듯해한다.

가정에 장식한 꽃 하나, 소품 한 개에서도 아내의 센스가 돋보이게 된다. 그렇기 때문에 단지

'오늘 꽃은 시들지 않고 오래 갈 거예요.'

'찻잔은 덤으로 드릴게요'

이 정도의 말로는 좀처럼 지갑을 열지 않는 것이 여성 심리이다. 여성은 구두쇠이자 사치꾼이다. 이 두 가지는 양립할 수 없는 것처럼 보이지만 여성들은 억지로 양립시키는 솜씨가 놀랍다. 그렇기 때문에 더욱 그에 맞춘 구매 상담이 필요한 것이다.

'오늘 좋은 꽃이 들어왔는데 최상품이에요.'

'차분한 분위기에 어울리는 고상한 찻잔이지만 젊은 사람은 그 가치를 잘 몰라요. 부인이라면 싸게 해드리겠습니다.'

약간 말은 길어지겠지만 여자 고객에게는 너무 짧은 말보다 가치가 높게 느껴지기 때문에 오히려 안심이 된다. 이런 표현이라면 구두쇠와 사치꾼 모두를 만족시킬 수 있지 않을까?

그럼 여성에게 있어 최대의 매력이란 어떠한 것일까?

    (1) 신체적 매력(얼굴의 아름다움과 스마트함 및 건강)

    (2) 성격적 매력(남에게 호감을 사는 밝은 성격)

    (3) 성적 매력(남자의 마음을 사로잡을 섹시함)

    (4) 분위기 있는 매력(고상함, 또는 상류층으로 보여지는 무드)

이 네 가지를 모두 갖춘다면 최고의 여성이 된다. 그래서 이런 매력을 끌어올리는 상품이 잘 팔림과 동시에 반대로 그 매력을 끌어내리는 상품 또한 잘 팔린다.

누구나 아름다워지고 싶어하며 날씬하고 스마트해지기를 원한다. 그래서 이것과 관련된 화장품과 약 종류가 잘 팔리고 있는지도 모른다. 그러나 한편으로 너무 마른 사람은 성적 매력이 사라질 것에 대해 걱정해야 될지도 모른다.

현실적으로 남자친구와 포옹할 때, '여기에서 더 야위면 안아도 안은 것

같지도 않겠다'라는 말을 듣는 여성이 상당히 많다. 남자와 여자의 미의 기준, 매력의 기준이 정반대가 되는 경우가 많음을 의미한다. 독신 시절에는 고상함이라는 분위기가 어울렸지만 결혼하자마자 남편에게서 '이제 그만 고상해져. 너무 고상하면 안아도 시시해'라는 말을 듣게 될지도 모른다. 매력이란 사람에 따라 기준이 다른 만큼 반드시 아름다움이나 밝음, 고상함이 최고가 아닐 수 있다. 그런 것들을 끌어내리는 것이 잘 팔리거나 번창하는 경우도 충분히 있을 수 있다. 어느 쪽이건 여자가 보기에 매력적이든 혹은 남자의 눈에 비춰진 여자가 매력적이든 그것이 지갑을 열게 만드는 것임에는 틀림없다.

그러므로 라면 한 그릇이라도 그냥 좋다, 맛있다라는 말로 끝낼 것이 아니라 여성 고객을 끌어들이기 위해 '좋은 기름을 사용하고 있어서 몸에도 좋다'거나 '살 안찌는 라면'이라고 말할 필요가 있는 것이다.

냄비 한 개를 파는 경우에도 때로는 '소형 냄비는 잘 끓어 넘쳐서 보기에도 안 좋고 오히려 조금 큰 것이 요리하기에도 편한 보기에도 좋아요' 하고 한마디하는 것이 일을 성사시키는데 큰 몫을 한다는 것을 기억하자.

# 사회적 지위를 나타낼 수 있는가

　사람은 남녀를 불문하고 지위나 신분을 과시하고 싶어한다. 상당한 부자임에도 불구하고 지저분한 곳을 사장실로 사용하는 것도 일종의 지위를 나타내는 표현이라 할 수 있다. 과거 재계총리로 군림한 도코 토시오 도시바 사장은 집에 돌아가면 말린 정어리를 먹을 만큼 검소한 생활로 화제가 되었다. 하지만 이런 그에 대해 평소 요정 같은 곳에서 맛있는 것만 먹으니 집에서 영양가 없는 음식을 먹는 것쯤이야 대수로운 일도 아니라고 하는 핵심을 찌르는 견해도 나왔다.

　사회적 지위란 없는 사람일수록 동경하게 되고 그것을 갖고 있는 사람일수록 숨기고 싶어하는 것이라 할 수 있다. 말하자면 부자는 이해타산이 빨라서 손해보는 일은 하지 않는다는 것이다. 하지만 서민은 그렇지 않다. 때로는 사회적 지위가 생각지도 않은 플러스를 낳기도 하기 때문이다. 그렇다 보니 샐러리맨이라 해도 지위 폐지에 반대하게 되는 것이다. 그리고 사회주의에서 평등을 강조하는 중국의 해방군조차 계급 폐지는 할 수 없었던 것이다.

　그러나 사회적 지위를 나타낸다고 해도 뭔가 특별한 물건을 사는 것은 아니다. 지갑 사정을 봐 가면서 보다 좋은 지위를 고르고 싶은 것인데 차와 같은 것이 그 전형이라고 할 수 있다.

예를 들어 경차를 몰던 남자가 어느 날 갑자기 외제차를 살 확률은 낮다. 그러나 혼다 차를 몰았던 가정이라면 죠나 르노 정도라면 바꿔도 무방할 것이라고 생각할 수도 있다. 도요타의 디럭스 차를 갖고 있다면 한 단계 올려 벤츠를 산다 해도 이상한 일은 아니다. 한 단계 건너뛰어도 메르세데스에서는 소형차부터 중형의 벤츠까지 셀러리맨이라도 살 수 있는 차종이 갖춰져 있기 때문이다.

이처럼 서민은 지위가 오를 때는 한 단계나 적어도 두 단계로 만족한다. 여성도 마찬가지라고 말하고 싶지만 이것이 남자와 여자의 결정적인 차이가 될 수도 있다.

여성의 경우 자신의 존재 자체를 지위로 장식하고 싶어하는 욕망이 있다.

부친이 지위가 없어도 자신에게 아름다움이 있다면 그것이 현실에서 지위를 가져다 주는 경우가 적지 않기 때문이다. 예전엔 개그맨이나 가수는 지위 같은 건 없는 존재였지만 지금은 다르다. 개그맨과 록 가수 중에는 20대 나이에 거액의 수입을 거둬 평생을 편안하게 살아갈 만큼의 돈을 모은 사람이 얼마든지 있다.

여성 중에는 '언젠가 나도……' 라는 별세계를 꿈꾸며 멋진 패션과 센스 있는 귀금속으로 치장하는 사람도 적지 않다. 오늘은 신분에 맞지 않지만 내일은 그렇지 않을 것이라고 생각한다. 또 가령 탤런트가 되지 않아도 얼마든지 신분상승을 할 수 있다.

따라서 판매자는 여성의 현실을 파악하여 그에 걸맞은 물건을 권하는 것이 기본이다. 오히려 두 단계 세 단계, 또는 네 단계 정도 위의 물건을 권하는 편이 좋을 때도 있다.

최근 귀금속품과 같은 장신구를 사용하는 방법에서도 더 이상 고상함만을 찾지 않는다. 예전 같으면 반지는 한 손에 한 개 또는 양손에 한 개씩 하는 것을 고상하게 여겼지만 지금은 어떤가. 여성 탤런트 중에는 엄지손가락을 제외한 여덟 손가락 마디마디에 반지를 끼고 있는 사람도 있다. 게다가 목걸이에서 귀걸이까지 전 재산을 몸에 걸친 것이 아닌가 싶을 정도이다. 그리고 그것은 패션으로 인정 받고 있다.

이러한 경향이 점점 확대될 날이 멀지 않았다. 문화인류학 분야에서 문명이 극에 달하면 사람은 동물에 가까워진다는 지적도 나왔다. 이른바 문명의 역행이다. 미개척지에 사는 민족처럼 액세서리를 하는 것이 가장 최첨단을 달리는 패션으로 여겨지고 있다. 어쩌면 지위란 미개민족화하는 것과 동의어일지도 모르겠다.

# 미스로 보이는가

'부인, 이게 어떻습니까?'

이렇게 부인이라는 호칭을 사용하는 가게 주인이 많다. 이에 대해 장기 방영되고 있는 미노몬타(사회자)의 '오모잇끼리 테레비(마음껏 텔레비전: 시청자 참가형 퀴즈 프로그램)' 에서는 나이가 있는 여성 참가자를 사회자인 미노가 '아가씨!' 라고 불러서 화제를 모으고 있다.

그에게 '아가씨!' 라고 불리고 싶어서 일부러 먼 지방에서 상경하는 아줌마가 있을 정도다. 왜 부인이라고 불리는 것보다 아가씨라고 불리길 원할까?

얼마 전까지 여성들은 결혼하길 극성스러울 정도로 원했다. 이때 '부인' 이라고 지명되면 주위에 내가 결혼했다는 사실을 알릴 수 있었다. 이것도 일종의 지위다. 그런데 최근 결혼을 인생의 무덤처럼 여기는 사람이 늘어나면서 상대적으로 '아가씨' 의 가치가 올라갔다. 물론 지방에서 온 아줌마가 '아가씨!' 로 불렸다고 해서 그것을 곧이곧대로 듣는 것도 아니며 주위 사람들도 큰 소리로 껄껄 웃어버린다.

그래도 그렇게 불리는 것이 유쾌한 것이다.

그 결과 어떤 상품이든 연령에 상응하는 경우가 경원시되고 점점 젊은 취향의 상품이 팔리게 되었다.

현재 20세 딸을 가진 어머니는 45세 정도가 평균 나이겠지만 이런 어머니가 딸의 옷을 입어도 전혀 이상하지 않은 상황이 되었다. 코트 종류는 30세 전의 딸의 것을 60대 어머니가 입어도 아무런 거부감이 들지 않는다. 엄마와 딸이 옷을 바꿔 입는 시대가 온 것이다.

말하자면 세상은 연령·결혼미상 시대가 되었다고 할 수 있다. 이에 박차를 가한 것이 여성들의 해외여행이다. 외국인의 눈으로 보면 타국의 여성은 귀엽고 아이처럼 보인다. 40세가 넘어도 10대 소녀로 보이는 여성이 적지 않다. 이렇게 되면 '부인' 이라는 표현은 꽤 나이 든 것처럼 들린다. 모처럼 젊게 하고 나왔는데 '부인' 이라고 불린다면 흥이 깨져 버린다. 그런 여성이 늘어날수록 말 거는 법 하나라도 깊게 생각하지 않으면 안 되는 시대가 왔다.

지금까지는 24세가 결혼 적령기의 기준이었으므로 그 또래로 보이면 '부인' 이 가장 무난한 호칭이었다. 그런데 적령기라는 말이 없어진 지금 연령에 따라 미혼·기혼을 구별할 수 없게 되었다. 여성들은 욕심이 많고 결혼을 했어도 부인보다 아가씨라고 불리길 원한다.

'아가씨? 아니 부인이신가요? 젊어 보이셔서……' 이러면 아가씨든 부인이든 어느 쪽도 최소한 불쾌감은 갖지 않을 것이다. 미국은 MISS와 MRS 사이에 MS(미즈)라는 적당한 표현이 존재하지만 이런 표현이 없더라도 조금만 더 세심하게 신경을 쓴다면 작은 노력으로 고객의 마음을 사로잡을 수 있지 않을까. 고객을 기분 좋게 만들어 주는 표현 하나로 '저 가게 주인은 왠지 기분 좋으니 또 가고 싶다' 는 생각을 들게 한다면 굳이 힘들이지 않고도 고객을 끌어 모을 수 있을 것이다. 시대에 뒤떨어지는 세일즈 상담과 인사말로는 고객을 잡을 수 없다는 것을 알아 두자.

# 본능을 만족시키는가

본능적으로 위험을 감지하면 여성은 두 번 다시 그 남자를 가까이 하지 않는다. 아무리 화술이 뛰어나다 해도 속으로 '이 여자는 바보' 라고 생각하고 있는 남자의 마음을 여자는 본능적으로 안다.

흔한 예로 십대 소녀가 가게에 들어온다. 뒤이어 50대의 점잖은 신사가 한 발 늦게 들어오자, 주인은 '아가씨, 잠깐만요' 라며 웃는 얼굴로 인사한 후 신사에게 먼저 다가가서 용건을 묻는다. 그 소녀는 어쩔 수 없이 그 가게에서 물건을 사겠지만 이후 두 번 다시 그 가게에 가지 않을 것이다. 본능적으로 남자를 상위에 두는 주인의 자세에 기분이 상했기 때문이다.

이것은 후천적인 것이 아니라 선천적인 본능이다. 이 본능에는,

　　(1) 자기보존의 본능(위험감지 능력)
　　(2) 종족보존의 본능(성적인 욕망)
　　(3) 사회본능(지능행동에 의한 적응성)
　　(4) 개인적 발달의 본능(상승지향)

등이 있다.

따라서 이 네 종류의 본능을 만족시킬 만한 점포와 건물, 점원 그리고 물건이 중요시된다. 알기 쉬운 예로 출입구가 한 곳밖에 없거나 좁고 긴 통로 제일 안쪽에 있는 점포는 바로 자기보존 본능에서 보면 위험 그 자체이다. 한때 다이에의 나까우치 이사오 회장의 아들이 만든 하이파 마트는 가게 안 통로가 일방통행이라는 이유로 여성 고객들에게 외면 당했다.

출입구는 가능한 한 넓은 것이 좋다. 교토의 민가처럼 입구가 작고 안으로 깊숙이 들어가 있는 가옥은 누가 봐도 폐쇄적인 느낌이 들어 많은 사람이 출입하는 점포형식에는 맞지 않다.

이 위험본능은 점포에만 있는 것이 아니라 상품과 햇볕의 관계, 비와의 관계, 쓰레기 두는 장소와의 관계 등 상품 진열상의 문제도 크다. 한여름에 강렬하게 내려 쬐는 햇살에 버틸 수 있는 상품이라면 모를까, 맥주나 콜라와 같은 음료수, 어패류, 인스턴트면 등을 진열한 상점은 이후 살아남을 가능성이 낮다.

두 번째 종족보존의 본능에서도 임신능력을 저하시킨다는 소문이 나도는 상품은 팔리지 않게 되고 여성의 몸을 차게 하거나 혈액을 묽게 하는 식품과 약품은 저 출산 문제가 심각하게 논의됨에 따라 대부분 자취를 감출 것이다. 특히 종족보호 유지 본능은 개인뿐만이 아니라 나라와도 관련이 있는 만큼 철저한 검사가 이루어질 날도 머지 않았다. 조금이라도 수상한 제품을 만들고 있는 기업이 있다면 늦기 전에 제조 정지를 하는 것이 현명하다.

반대로 임신능력을 증가시키는 상품은 각광을 받아 왔다. 또한 섹스나 성

관련 상품은 임신, 피임, 불임을 망라하고 잘 팔린다. 이런 종류의 상품을 이용하면 혹시라도 임신할 가능성이 있기 때문이다.

이미 남성 주간지에도 섹스 사진이 부록으로 딸려 나오고 있지만 다소 지나치다 하더라도 경시청은 문제삼지 않고 있다. 텔레비전 프로그램에서도 음모가 비치는 비디오가 상영되고 있고 NHK에서도 동물의 성교사진이 아무렇지 않게 전파를 타고 있기 때문이다. 그러니 나라도 국민에게 어떻게 할 수 없는 것이다. 이 노선을 종족 보호 유지의 관점에서 교묘하게 장사로 연결하는 경영자는 다음 세대의 총아가 될 것이다.

다음으로 사회 적응성에 대한 본능은 커뮤니케이션에 서툰 사람일수록 불안감이 크다는 것이 포인트이다. 화술교실을 비롯해서 문화센터, 댄스교습소 등에 다니는 여성들이 줄지 않는 까닭도 이 적응성의 본능을 연마하기 위함이므로 이런 종류에 돈을 아끼지 않을 가능성이 크다.

이미 TV도쿄 · TV오사카가 중심이 되어 방영되고 있는 젊은 남자와 여자를 위한 스트리트 댄스 경연 대회는 그 열기가 대단하다. 그 중에는 학교를 쉬고 취업도 하지 않은 채 친구와 노상에서 춤을 추면서 실력을 닦은 여성들도 있다. 그들 나름의 적합성을 가지려는 박력은 이후 점점 열기를 더해 갈 것이다.

GLAY라는 록밴드가 20만 명의 관중을 동원한 경우도 같은 것을 좋아하는 사람들과 함께 하고 싶어하는 젊은 남녀들의 본능적인 발로로써 각 분야별로 영역을 나누어 공유하는 영역세대의 본능에 좀더 시선을 돌려보는 것도 좋지 않을까?

네 번째 본능은 상승지향이다. 이전에는 기업 내에서의 출세가 남자들의 본능이었지만 점점 출세에서 상승으로 변화가 시작되고 있다. 여성의 경우 시집을 잘 가는 것이 출세하는 것이라고 했는데 이 경우에도 특별한 미모라는 특성이 필요했다.

그러나 요즘에 와서는 다양한 형태의 상승기운이 고조되어 추녀든 뚱뚱하든 다양한 분야에서 상승을 계속해 나가고 있다. 이들 방향성에 도움을 주는 업종이 인기를 끌게 될 것은 당연한 일이다.

# 자신감을 가질 수 있는가

상승지향이라는 본능이 본격화되면 그때부터 자신감을 가지고 싶어한다. 골프에서 비거리를 내고 싶다는 본능이 강해짐과 동시에 자신감을 불러일으킬 클럽을 갖고 싶어하는 것과 마찬가지로 컴퓨터로 치면 다른 사람에게 뒤지고 싶지 않다는 상승지향 욕구에 의해 자신감을 가질 수 있는 기종으로 교체하길 원하는 것도 그런 이유에서다.

어떤 경우에도 자신감을 원하는 만큼 자신감을 갖게 해 줄 물건이 잘 팔리게 되는 것이다. 그러다 보면 초보자용을 찾던 사람 중에서 중급, 상급자용을 찾는 사람도 반드시 많이 생겨난다.

예를 들어 반지의 경우 다이아몬드를 한번 손가락에 끼면 여성의 시선은 항상 다른 사람의 손가락으로 간다. 상승지향의 마음이 생기기 시작하고 게다가 다른 사람과 지향하는 바가 같게 되었다고 생각해 보자. 중학교에 아들이나 딸을 입학 시킨 부모는 자녀를 입학시킨 후 2, 3개월은 같은 연령의 아이를 보면 어느 학교에 다니고 있는지 궁금해 견딜 수 없어 한다.

여성끼리의 첫 대면시 어느 쪽이라 할 것 없이 상대방의 머리끝에서 발끝까지 눈을 반짝이며 살핀다. 남자와 만날 때는 절대 이런 행동을 보이지 않는다. 그것은 남자와 상승지향을 다투려는 생각이 없기 때문이며 여자끼리, 그것도 동일 연령대거나 같은 샐러리맨 남편을 뒀다면 순간 경쟁의식이 발동한다.

어느 부분에서 상대방보다 우위인지를 재빨리 확인하고 자신이 없는 점은 숨기려고 한다. 자기 반지의 다이아몬드가 더 크다는 것이 확인되면 앉는 순간부터 그 손가락을 될 수 있는 한 눈에 띄게 하려고 할 것이 분명하다. 이 때, 싸움에 진 여성은 집에 돌아오자마자 재빨리 새로운 물건을 사려고 할 것이다.

이러한 여성의 행동은 도시든 지방이든 별반 차이가 없다. 큐슈 일대를 일본식 복장을 한 채 소형차를 타고 영업을 하러 다니는 여성부대가 있는데 단순히 고가의 물건을 팔려고 하면 실패한다고 한다.

보통 '그런 비싼 거 필요 없어요' 하고 한마디로 거절 당하기 일쑤지만 축제나 혼례 이야기, PTA(parent-teacher association) 이야기, 입학 이야기 등과 같은 화제를 아무 생각 없는 척 펼쳐 놓으면 점점 분위기가 바뀌어 듣고 있는 남편과 아내 쪽에서 이 모임에서 누구를 만나고, 저 모임에서 어떤 사람이 나왔는지 하는 등의 온갖 상상을 이끌어 낼 수 있다.

그때서야 비로소

'이 옷감이라면 자신감이 생길 거예요.'

'이 옷감이라면 누구에게도 빠지지 않습니다.'

하고 보여주면 된다. 요컨대 자신감을 팔면 된다는 것이다. 옷감이나 옷을 팔려는 사람일수록 실패하는 이유는 판매자가 그저 물건을 팔기 위해 물건에 대한 이야기만 늘어놓기 때문이다.

그러다 보니 고객은 더욱 입을 닫게 된다. 그러나 고객으로 하여금 자신감을 갖게 하는 화제는 100퍼센트 고객의 이야기를 끌어낸 후 고급스런 옷을 제공하기 위한 과정일 뿐이다. 하지만 결과적으로 파는 사람과 사는 사람 모두가 대화를 나누게 된다.

출판업계에 어느 시대나 할 것없이 인기있는 테마가 바로 '절약' 과 '비용' 이다. '절약' 하는 방법이 철저히 적혀 있다면 산 여성은 그 책의 가격 이상의 것을 얻을 수 있다. 말하자면 구매자가 필요로 하는 내용이기 때문에 분명히 만족해한다는 것이다. 더구나 미처 깨닫지 못한 부분의 절약까지 적혀 있어 충분히 자신감을 가지게 해 준다.

'얼마나 비용이 드는가' 라는 테마도 사람들 앞에서 창피 당하지 않고 일을 처리할 수 있게 도와주는 내용이다. 해마다 바뀌는 병 문안, 부조금 혹은 세뱃돈, 결혼 축의금 등은 평균 어느 정도이며 누구나 많든 적든 어느 정도의 금액이어야 자신 있게 내밀 수 있는지 알고 싶어한다. 그만큼 독자들로 하여금 고마움마저 느끼게 하는 테마인 것이다.

그만큼 많은 사람이 사 주면 출판사도 저자도 벌이가 되는 것이다. 이렇게 자신감을 갖도록 이끌어 주고 파는 방법은 겉넝만 잘 한다면 이익과 함께 감사하는 마음까지 받을 수 있게 된다.

신흥종교가 발전하게 된 배경에는 생활 방식이나 마음가짐의 자세를 포함해 자신감을 갖도록 도와준 지도도 한몫 했다. 그 중에는 일시적으로 동료 신자가 그 가게를 이용해줌으로써 경제적으로 도움이 되는 일도 있다. 이런 방법론을 다른 업종에서도 배운다면 이익을 도모할 수 있을 것이다.

# 의외성이 있는가

유럽처럼 길드사회(장인조합)가 발달한 곳에서는 자식이 부모의 일을 잇는 것이 당연시되고 있는 만큼 의외성을 기대하는 마음이 판매자에게도 구매자에게도 적다고 한다.

간혹 십 년 만에 파리와 밀라노를 방문해도 이전에 있던 가게는 당시와 똑같이 장사를 계속하고 있다. 부모에서 자식으로 대물림되면서도 점포가 싹 바뀌는 일은 좀처럼 없다. 이는 변화라는 의외성이 전혀 없는 곳에서는 당연히 아무것도 바뀌지 않기 때문이다.

그러나 현재 대부분은 길드사회가 아니며 목수의 자식이 목수 일을 계승해야 한다는 법률이 없다. 그리고 목수의 자식이 총리대신이 되지 말라는 법도 없다. 혹은 반대로 얼마 전까지 대부호였던 인물이 몰락하지 말란 법도 없다.

의외의 사건은 얼마든지 일어날 수 있다. 그렇다면 어제 온 고객이 오늘 올 수도 있지만 안 올 수도 있다는 것이다. 즉, 여성은 하룻밤 사이에 얼마든지 바뀔 수 있다. 남자와 하룻밤을 함께 자고 난 다음 날 슈퍼에 물건을 사러 가면 바구니에 담는 물건부터 확 바뀌게 된다. 혹은 남자와 헤어진 후 미용실에서 머리를 잘라 버릴 지도 모른다.

즉, 여성은 남자처럼 늘 같지 않다는 것을 깨달아야 한다. 남자는 '명함이 바뀌지 않는 한 아무것도 바뀌지 않는다'고 생각한다. 한심한 이야기이지만 집에 귀가했을 때 옷장의 위치가 바뀌어 있는 것만으로도 어쩔 줄 몰라할 만큼 남자들은 보수적이다. 남자 고객이 많은 가게는 의자나 내장시설을 웬만하면 바꾸지 않는 것이 좋다는 것도 이런 보수성 때문이다. 오래되면 오래된 나름의 분위기를 좋아하는 남자들이 많은 것이다. 그런데 여성은 오래된 것을 싫어하는 것은 아니지만, 거기에 물든 낡은 사고방식과 먼지, 쓰레기, 냄새 등 더러운 것, 더러워지는 것을 절대적으로 싫어한다.

안경점에 한 쌍의 남녀가 들어 왔을 때 우선 여성에게 '남성용 안경을 찾고 계십니까?' 하고 묻는 것은 상식이다. 왜냐면 새로운 남자와 사귀면 헤어스타일에서 안경, 수염, 속옷에 이르기까지 전에 사귀던 여자가 골라주었을 법한 모든 것을 내 남자가 사용하지 않았으면 하기 때문이다.

그만큼 여성은 항상 가게든 상품이든 혹은 판매자든 의외성이 큰 곳에 가고 싶어한다.

새로 생긴 가게에 대한 정보를 재빨리 알고 기억하는 능력은 행여나 의외성을 발견하지 않을까하는 바람 때문임에 틀림없다. 남자에게는 소위 셔츠를 입고 넥타이만 매면 안심이라는 의식이 있다. 무심코 의외성이 강한 복장이나 빨갛고 노랗게 물들인 헤어스타일을 하면 직장에서 바로 찍힐 것이라는 공포심을 강하게 가지고 있다. 이런 것이 보수성을 강화시키는 반면, 여성은 원래부터 치장이 자유로운 만큼 의외성 있는 패션에 흥미를 느끼고 더군다나 인생 그 자체도 타인과 다른 길을 걸어가고 싶어하는 바람이 강하다.

퇴폐영업소를 찾는 것과 해외로 유학가는 것이 동일 의식에서 나왔다고 설명하는 전문가도 있는데 어느 쪽도 의외성이라는 면에서는 비슷하다. 그만큼 여자 고객이 많은 가게는 될 수 있는 한 의외성이 있는 외견에서부터 내부 장식이나 상품을 구비하는 것이 좋다. 그녀들에게 있어 그것은 새로운 패션이기 때문이다.

도쿄·긴자에 상륙한 프랑스의 유명 화장품·향수 전문점인 세포라는 상품을 팔기보다 예술적인 상품 전시로 파리는 물론, 뉴욕과 로스앤젤레스에서도 그 의외성으로 여성들을 깜짝 놀라게 했는데 그 때문에 더욱 대성공을 거뒀다고 한다. 이렇게 여성의 지갑을 열게 하려면 어떤 장사에서도 대담한 의외성이 필요하다.

# 남자가 다가오는가

몸에 지니고 있으면 반드시 남자가 다가온다는 물건이 있으면 폭발적인 인기를 누리게 된다.

그만큼 여성은 하나의 물건을 선택하더라도 자신 뜻대로는 사지 않는 경향이 있다. 혹시 연인이 있으면 연인이 좋아하는 물건을 사고 싶어하고 연인이 없으면 조금이라도 남자에게 호감을 살 수 있는 물건을 몸에 지니고 싶어한다. 결혼을 했어도 '그것 좋다' 는 남편의 말에 '그렇죠? 당신이 이 색을 좋아할 거라고 생각했어' 하며 부인은 웃음 띤 얼굴로 대답한다. 이심전심이라고 남편이 좋아할 것 같은 색의 옷을 사는 것이 보통이다.

가령 부인이 최근 자신의 기호가 아닌 옷을 산다면 남편보다 소중한 사람이 생긴 것으로 생각해도 좋을 것이다. 특히 패션은 타인의 눈을 의식하게 되는 만큼 '어떻게 보여질까?' 가 선택의 포인트가 되기 때문이다.

과거에는 일종의 성(性)과 연관된 물건의 세일즈 상담은 터부시되었다. 그러다 보니 어떤 상품이든 '매우 잘 어울립니다' 라는 말이 기본이었다. 부인에게 어울린다, 아가씨에게 어울린다, 가족 분위기에 딱이다 등은 칭찬하기의 상투어였다. 하지만 최근에는 '남성에게 어떻게 보일까?' 라는 상담을 당당하게 요청하는 시대로 바뀌었다.

'이거라면 아주 인기 있을 거예요.'

'어떤 남자라도 가만 놔두지 않을 거예요'

'남편 분이 걱정되지만 저는 책임 안 집니다.'

오히려 이런 직접적인 표현법을 여성들은 원하고 있지 않을까?

세일즈 상담은 시대의 반영이다. 이런 반영은 가능한 한 반보 정도 앞선 것이 바람직하다. 약간 대담한 자세가 딱 좋은 것이다.

옛날 여성이라면 '가정적으로 고상한 것' 을 강조하면 문제가 없었다. 미쯔코시는 그런 의미에서 옛날 그대로를 고집하는 여성의 상징적 존재이다. 그 미쯔코시가 크게 흔들리기 시작했다는 것은 상징으로서의 의미를 잃었음을 의미한다. 상류층도 고상함보다는 섹시함, 대담함을 추구하기 시작했다.

현대를 사는 여성의 가치관은 정신적 자립이다. 지금까지의 여성은 남성에게 의지했던 만큼 남자가 바라는 가정을 만드는데 전념하는 것 외에는 아무것도 없었다. '바깥양반이 야단이라서⋯⋯' 이런 식으로 남편을 방패 삼아 이야기하는 주부가 꽤 많았고 '바깥양반이 안 된다고 해서⋯⋯' 등 거절의 구실로도 많이 이용되었다.

자신의 의사를 죽이지 않을 수 없었던 것이다. 그러나 지금은 그렇지 않다. '남편분께 어떨까요?' 라고 권유하는 것만으로는 만족해하지 않는다. 자신을 위한 술안주를 사서 돌아가는 주부가 많아진 만큼 이런 주부에게 남편은 더 이상 '남자' 가 아니다. 가슴을 두근거리게 하는 존재가 아니기 때문이다. 그녀들에게 남자란 '자신을 높이 평가해주는 남성'이라야 한다. 잡은 물고기에 먹이를 주지 않는 남편은 이제 이성으로 인정하지 않는 것이다.

특히 이런 경향은 중장년층에 현저하게 나타난다. 이혼이 매년 10%에서 20% 사이로 계속 늘고 있는 이유도 여자는 죽어서 재가 될 때까지 여자라는 말을 증명하고 있는 것이다.

분명히 어느 정도 남편에게 기대하겠지만 언젠가, 어딘가에서 여자들은 실망하게 될지 모른다. 친구 중에는 바람을 피우는 사람도 있고 놀이에 빠진 주부도 있다.

겨우 일주일에 한번 문화센터에 나갈 수 있게 되었다 해도 저녁 일찍 집으로 돌아와 저녁식사 준비를 하지 않으면 안 된다. 이제껏 그것이 여자의 일이라고 생각해 왔지만 지금 주위를 둘러보면 대부분의 주부들은 '그렇게 빨리 집에 돌아가면 뭐해? 인생은 자신을 위해 있는 거야.' 하며 레스토랑의 한구석을 점령한 채 일어나려 하지 않는다.

분명 나와는 다른 인종이지만 언젠가는 자신의 인생을 객관적으로 보며 '시시하다'는 생각을 한다 해도 이상할 것이 없다. 이렇게 점점 자신의 내부에서부터 변화해 가는 것이며 상점을 경영하는 남자들도 이런 경향을 잘 인식해 두어야 할 것이다.

# 새롭게 변할 수 있는가

'남자는 대담, 여자는 소심'

이미 사라진 옛말이다. 요즘 여성들은 오히려 남자들보다 대담하다. 오늘날 가차없는 정리해고의 주 대상인 남자들은 확실히 위축되어 있다. 상사가 '그래 이 남자를 해고하면 좋겠군' 하는 생각을 떠올리지 못하도록 가능한 얼굴이 마주치지 않게 고개를 숙이고 움츠린 채 일을 하게 되었다.

과감하게 박차고 뛰쳐나간 동료의 대부분은 전직에 실패하여 이전의 기세는 어디에도 없다. 또 일류기업에 취직한 남자들이라고 해서 그에 걸맞는 일이 주어지는 것도 아니다. 이런 남자들의 지갑을 열게 하는 것은 여성 이상으로 어려울지 모른다.

이에 반해 여성들은 남자들처럼 소심하지 않다. 이왕 들을 거 사장 사모님 소리를 들으면 좋겠지만 그렇지 않다면 구멍가게 주인도 상관 없다고 생각한다.

사회적 지위를 원하는 반면, 안 되는 일이라면 주저없이 포기하고 태도를 바꿀 수 있는 배짱이 있다. 그녀들 대부분은 언제나 '새로워지는 것'을 원하고 두려워하지 않는 것이다.

그 점에 있어서 남자들처럼 새로움을 추구하는 젊은 세대와 새로움을 거
부하는 중장년 세대로 분리되어 있는 것이 아니다. E·로저스의 '유행=인베
이션의 보급 과정'이라는 책의 내용을 빗대어 남자를 말하면 유행에 민감한
혁신자(인베이터)와 유행에 둔감한 지체자가 꽤 명확하게 구분되지만 여성
의 경우 50이든 60이든 새로운 것, 그 중에서도 문화적인 면이 풍부한 것은
가능한 빨리 접해 보고 싶어한다.

그것은 굳이 상품에 국한된 것이 아니다.

규칙이나 관습, 감각도 새로워져야 한다. 그렇다고 해서 구미의 흉내를 내
는 것도 좋지 않다. 한 예로 축제를 들어 보자. 토쿠시마(德島)의 아와오도리
(阿波踊り)축제는 전국적으로 유명하다. 최근에는 여자 춤에 남자 춤의 경향
이 나타나고 있다.

원래부터 여자 춤은 유카타에 갓과 나막신을 신는 것이 원칙이지만, 요즘
에는 남자 저고리에 천으로 머리를 두르고 버선을 신는 남자 옷차림을 하고
춤을 추는 여성들이 생겨났다. 그러나 남자 차림의 여자들만 있다면 재미가
없어져 아와오도리의 명성은 사라져버릴지도 모른다. 그렇지만 새로움을 추
구하는 여성이 늘어났으며 이러한 변화는 아와오도리가 그저 시시하기만 한
축제로 끝나지 않을 것이라는 것을 짐작케 해 준다.

아사쿠사(淺草) 산쟈마쯔리(三社祭)의 신여를 맬 때의 구령은 '왓쇼이, 왓
쇼이(영차, 영차)'라는 말에 한정되어 있다. 하지만 젊은 사람들은 '왓쇼이'
보다 '소이야(素意: 평소의 뜻)'라고 외치면서 신여를 매고 싶어한다. 이 구

령이 새로운데다 리듬감마저 느껴지기 때문이다. 때로는 작게, 때로는 성난 파도와 같은 목소리로 외칠 수 있다. 아마 이 산쟈마쯔리도 다음 세대에서는 '소이야'를 허용하지 않을 수 없을 것이다.

관객인 여성들이 '소이야'가 아니면 싫다고 할 가능성이 높기 때문이다. 이런 경향은 일본춤, 꽃꽂이, 다도에도 큰 영향을 미치고 있다. 지금까지 백합은 선물용으로는 부적합했다. 일본에는 백합의 종류만 해도 15종이나 되며 모두 식용으로 쓰이거나 산과 정원 같은 곳에서 자생시키는 것이 많았다. 그 때문에 꽃가루가 강해서 블라우스에라도 묻으면 큰일이었다. 그런데 네덜란드 근처에서 수입된 백합은 전혀 다르고 우아하다. 이러한 새로운 품종은 꽃에 국한되지 않고 과일에서도 많이 볼 수 있는데 여성들은 대담하게 이러한 것들을 일상생활 속으로 받아 들였다.

패션은 이미 유명 브랜드라면 거의 수입되고 있으며 음식이나 요리에서도 상황은 비슷하다. 중국요리뿐만 아니라, 한국, 타이, 베트남, 인도, 중동요리에 이르기까지 여성들에 의해 선택되어 발전하고 있다 해도 과언이 아니다. 굳이 남자들처럼 구미숭배형이 아니라 좋은 것은 좋고, 게다가 가능하면 새로운 감각이 엿보이는 것을 찾게 되는 것이다.

새로운 것을 좋아하는 여성들을 놓치면 절대 손해다.

# 게으름을 피울 수 있는가

　남자 쪽에서 보면 왠지 여자는 게을러 보인다. 직장에서 일하는 여직원들을 봐도 남자보다 수다도 많이 떨고, 하는 일도 민첩하지가 않다. 어쩌면 전업주부는 매일 낮잠만 자고 있을 거라고 생각하는 남자들도 있을 것이다.

　그러나 실제로는 게으른 것이 아니다. 엄마가 된 주부의 하루 노동량은 상당히 많은데 비해 수면 시간은 적다. '여자에게 손해인 환경'이라는 나의 조사에 의하면 맞벌이 주부의 가정 내 무상노동의 시간과 양은 남자들이 생각하는 이상이다.

　그 때문에 이런 주부들을 도울 가정용품은 앞으로도 개량·개선될 것이다. 하지만 한편으로는 전업주부나 신부수업 중인 아가씨들은 대낮부터 한가로이 지내는 경우도 많다. 이것은 학교를 졸업한 후의 남자와 여자의 진로가 결정적으로 다르기 때문에 일어나는 현상일 뿐 여성 전원이 게으르다고 폄하시킬 것은 아니다. 그러나 '게으름 피우고 싶다'는 마음은 남자들보다 많은 듯하다. 왜일까?

　여성의 대다수는 하루 온종일 인력을 필요로 하기 때문에 잠시라도 게으름을 피우지 않으면 신체가 견디지 못하기 때문이다.

남편이 늦게 들어오면 야식 준비라는 부수적인 노동도 해야 하는 데다가 자려고 하면 남편이 찾기 일쑤고 또 아기가 있으면 젖병도 물리지 않으면 안 된다. 여성의 수면은 단편적이기 때문에 그에 견디기 위해서는 어딘가에서 선잠이라도 취하지 않으면 안 된다.

여성이 남성보다 평균 수명이 약 10% 정도 길다.

남자가 17세까지 끝마칠 일을 여자는 84세에 완성한다고 한다. 여자는 남자처럼 서두를 필요가 전혀 없는 것이다. 이것이 함께 살아가는 남자들에게는 게으름 피우는 것처럼 보이는 것인데 그 사고방식을 버리고 모든 시간을 여자의 시간에 맞출 수만 있다면 그녀들의 마음에 들 수 있을 것이다.

가장 알기 쉬운 예로 레스토랑에서 메뉴를 선택하는 것을 보면 알 수 있다. 다음 고객을 받기 위해 가게에서는 고객이 앉자마자 차림표를 가지고 가서 바로 '뭐로 하시겠습니까?' 하며 재촉한다.

남자들은 빨리 먹고 싶은 마음에 미리 먹을 것을 생각해 두고 바로 음식을 주문한다. 그런데 여성들은 '선택해 놓을 테니까 조금 있다가 다시 와주세요' 하지 그 자리에서 바로 주문하는 경우는 99% 없다. 이 심리를 이해해주지 않으면 '아니 여기는 음식 고를 시간도 안 주잖아' 하고 입에서 입으로 나쁜 소문을 퍼뜨린다.

레스토랑만이 아니다. 옷이나 자질구레한 물건이라도 아니, 야채가게의 오이 한 개, 토마토 한 개라도 자세히 알아보고 난 후에 살지 어떨지를 결정한다. 남자 쪽에서 보면 단순히 꾸물대는 것으로만 보이겠지만 그것은 표면

상일 뿐 머리 속은 전혀 다르다.

회사에 들어간 신입 여사원도 제일 먼저 '휴일은 어떻게 되어 있습니까?' 하고 옆의 선배에게 묻는다. 휴일이 먼저고 그 다음이 일인 것이다. 남자 쪽에서 보면 전혀 반대의 발상으로, '먼저 일을 하고 남은 시간에 쉰다' 는 일 우선 사상이 아니다. 이것도 여성을 종업원으로 채용할 때 심리로 알아두면 좋다. 하지만 이것도 체내시계를 휴일에 맞춰두고 일하는 시간을 조절하려는 여성의 독특한 사고방식일 뿐 남자들이 비난할 일이 아니다.

이처럼 여성의 체내시계는 천천히 돌아간다는 것을 이해하고 여자 고객을 다룰 때는 남자 고객보다 모든 면에서 시간적 여유를 주고 천천히 하도록 배려하는 것이 좋다. '재빨리 달려가고, 천천히 선택하게 하는' 방식을 철저히 하지 않으면 반드시 나쁜 소문이 나돈다. 여자는 일단 싫어지면 그것으로 끝이다.

'안심할 수 있습니다.'

임신, 출산이라는 기능을 가지고 있는 여성에게 이 말만큼 '안심' 할 수 있는 문구는 없다. 남자와 달리 방어본능이 발달한 여성을 대할 때는 가능한 한 이 말을 가슴에 새기는 것이 좋을 것이다.

하지만 말만으로는 안 된다. 가게 구조에 무게감이 있으면 안심할 수 있고 매일 같은 시간에, 같은 사람이 가게문을 여는 것도 안심할 수 있다는 증거가 된다.

플레이보이는 얼마나 안전한 남자인가를 연출하기 위해 복장은 조금 견실한 것으로 한다. 물론 젊은 여성이라면 안전보다 모험을 선호하기 때문에 일부러 그런 흉내를 낼 필요는 없지만, 남의 아내를 설득하려면 그 나름대로 안심할 수 있도록 해 주지 않으면 안 된다. 더러운 차림을 하고 있으면 금전적으로도 불안하게 하고 어딘지 모르게 병이 있을 지도 모른다는 우려도 하게 된다.

이 '안심하고 싶다' 라는 여자의 마음 이면에는 얼마나 많은 기업과 상점,

물건이 나를 속일까, 하는 생각으로 가득하다. 되도록 안심할 수 있도록 배려하는 일이 절대로 필요하다.

그만큼 온나라가 안심할 수 없는 환경으로 이루어져 있다고 할 수 있겠다.

'사면 안 된다'고 주장하는 책이 있다. '주간 금요일'이라는 정치·경제 잡지에서 연재하고 있던 기사를 모은 것인데 여기에는 보통 우리들이 사용하고 있는 생활용품, 화장품, 음료, 식료품, 약품 등 177가지 품목에 대해 위험의 유무를 조사한 것으로 베스트 셀러가 되었다. '문예춘추'에서는 이 조사가 터무니없다는 기사를 내보냈지만 '문예춘추'가 이들 스폰서에 의해 성립된 잡지인 만큼, 아무래도 색안경을 끼고 보게 되는 것이 사실이다.

설령 터무니없다 해도 100퍼센트 안심하고 살 수 있을지 묻는다면 '문예춘추'도 그렇다고는 대답할 수 없을 것이다. 왜냐면 '생활 수첩'처럼 광고 기재를 없애고 상품 검사 중심의 내용을 다루는 출판사가 아니기 때문이다.

예를 들면 유전자 조작에 의한 상품은 놀랄 만큼 늘고 있는데 비해 표시되어 있지 않은 물건도 상당수 있다고 한다. 유전자 조작 그 자체가 전부 위험하다는 말은 아니지만 역시 숨기고 있으면 꺼림직하지 않을 수 없다. 앞으로도 안심할 수 있는 물건이 아닌 경우, 문제시되었을 때 치명상을 입을 가능성이 있는 만큼 미리 주의하는 것이 좋을 것이다.

반대로 안전한 물건, 안심 할 수 있는 가게, 걱정 없는 판매 방법이라면 그것을 철저히 PR하는 것이 좋다. 도모호른 링클이라는 화장품은 '대단히 죄송합니다만, 최초의 고객분께는 판매할 수 없습니다'라는 텔레비전 CM으로 확고한 위치를 다졌다. 최초는 견본품을 이용해보고, 좋으면 사 달라는 판매

전략은 무엇이든지 팔고 보자는 주의와 정반대의 PR법에 여성 고객들이 꽤 안심할 수 있었던 것 같다.

경영자나 사장의 얼굴을 보여주는 것도 안심할 수 있게 하는 하나의 방법이지만, 은행의 쇼윈도 등에 붙어 있는 은행장의 사진이 첨부된 인사 벽보는 여성 고객에게 아무런 플러스도 되지 않는다. 오히려 은행장의 이미지가 나쁘면 자신들의 이자를 줄여 퇴직금을 불리지는 않을까 걱정하게 되는 여성 고객들이 있을 지도 모른다.

# 행복해질 수 있는가

아이들은 비싼 장난감이라고 해서 다 좋아하는 것은 아니다. 예를 들어 소리가 나는 책이 있다고 하자. 어떤 것은 피아노 모양으로 되어 있어 열면 칠 수 있는 것도 있다. 그런데 2, 3세 정도의 아이를 보고 있으면 그런 것보다 컵이나 찻잔을 젓가락으로 두드리거나 발을 굴러 통통 북 소리를 내는 놀이를 더 즐기는 듯하다.

공짜든 싸든 비싸든 그 물건을 가지고 놀았을 때 재미 있었다면 행복한 것이다. 그리고 어른도 아이와 마찬가지로 좋아하는 이성과 함께 있을 수 있는 것만으로 행복해 할 수 있다. 즉, 고가의 물건을 받아도 행복해질 수는 있겠지만 싸더라도 마음이 담긴 선물이라면 고가의 물건 이상으로 행복감에 젖을 수 있는 것이다.

여성에게 있어 행복이란 마음에서 우러나오는 것으로, 물건을 파는 쪽에서 어떤 물건을 팔든 마음이 담긴 것이 아니면 절대 받아들여지지 않는다.

많은 신흥 종교단체에서는 본부나 성지로 신자가 가게 되면 반드시 '다녀오세요' 라는 말로 배웅한다고 한다.

요즘은 도회지의 아이가 많아진 탓에 고향을 가지고 있지 않은 사람이 대부분이다. 그만큼 이 '다녀오세요' 라는 말이 신자의 행복감을 불러일으킨다. 작은 아파트, 좁은 맨션에서 매일 시계추처럼 왔다갔다하는 자신에게 이런 고향과 부모님 같은 곳이 있었지 하고 느끼게 하는 효과는 가늠할 수 없을 정도로 크다.

이런 행복감은 때로 청결감을 통해서도 채워질 수가 있다. 아침에 서둘러 회사에 갈 때, 한 건물의 가게 앞만큼은 깨끗하게 청소가 되어 있고 물까지 뿌려져 있다면 그 가게 주인의 청결함이 연상되어 순간 행복해지는 경우도 있다.

혹은 작은 고양이가 가게 앞에서 놀고 있는 모습을 보는 것만으로도 행복감을 느끼는 사람도 있을 것이다. 그것은 작은 풀꽃에서도 마찬가지다. 그렇다면 어떤 장사든,

(1) 상품에 의해 얻어지는 행복감
(2) 가게에서 최대한 보여줄 수 있는 장사 이외의 행복감

을 주는 일이 필요해졌다.

웃는 얼굴이 중요하다는 것이 그렇게 나타나는 것이다. 비위를 맞추는 웃음이 좋지 않다고 하는 까닭은 상대방을 행복하게 하는 것이 아니기 때문이다. 그런 웃음이라면 차라리 웃지 않는 게 좋다. 큰 소리로 웃는 것도 자신만 좋다 뿐이지, 고객은 그 웃음소리를 들으면 행복해지기는커녕 불쾌해질 때

도 있을 것이다. 혹시 웃음소리를 내면 이 소리에 상대가 행복감을 느끼는지 먼저 시험해 보는 것이 좋다.

그러면 웃음소리보다 웃는 얼굴, 그것도 상냥한 웃음이 중요하다는 것을 알 수 있을 것이다. '가섭염화미소(迦葉拈華美笑)' 라는 불교 용어가 있다. 석가가 '제자 중 누가 가장 불법을 잘 이해하고 있는가' 하는 물음에 가섭을 가리키며 '연꽃을 머금고 있는 저 웃는 얼굴이야말로 불법 그 자체이다' 라고 대답했다는 유래가 있는데 이 미소(美笑)를 지금은 미소(微笑)라고 쓴다. 연꽃이 어렴풋이 필 때의 모습을 의미하며 이 웃는 얼굴이야말로 만인을 안심시키고 행복감에 젖게 한다는 것이다.

'말하기는 쉬우나 행하기는 어렵다'

간단히 말하면 장삿속을 거둬내고 웃는 것이 중요하다는 뜻일 것이다.

또 장사 이외의 행복감을 주는 방법으로 '보여주지 않기' 도 중요하다. 어떤 아름다운 꽃도 비료와 같이 있다면 누구도 좋아하지 않을 것이며 어떤 미인이라도 화장실 속 사진이라면 아름답지 않다.

우리들은 내막을 '보여주지 않는' 것으로 겉모습을 아름답게 할 수 있는 유일한 동물이다. 그만큼 불필요한 오물이나 거기에 있어서는 안 될 것들은 치워 둬야 한다.

이것은 아무리 더러운 가게라도 마찬가지다. 가게 주인이 남자인 곳 중에는 맛만 좋으면 고객이 올 거라 호언장담하는 사람도 있는데 얼마가지 않아 결과를 알 수 있을 것이다.

입식 국수집에서도 국물이나 젓가락이 바닥에 떨어져 널려 있다면 맛있게 먹을 수 없다.

이것은 국가별, 민족별 특징이라 할 수 있겠다. 이탈리아에는 홍합 껍질을 마루에 떨어뜨려서 먹는 가게가 있는데 떨어진 것이 많으면 많을수록 맛있는 가게라고 하여 가게도 잘 된다고 한다.

# 여성 고객의 바람
part 3

# 시간 소비를 중요시하길 원한다

여성 고객의 무서움은 쓸데없이 낭비한 것이 있는지를 곰곰히 따진다는 데 있다.

남자들은 어느 가게에 갔다가 헛걸음을 하게 된 경우 불만이야 있겠지만, '어쩔 수 없다'고 생각하고 성질을 누그러뜨린다. 이유는 사회인, 직장인인 자신도 타인에게 헛걸음을 하게 한 경험이 한번쯤은 있기 때문에 용서해 주자, 용서해야 한다는 마음이 움직이기 때문이라고 한다.

그런데 여성의 경우는 다르다. 직장인으로서의 경험이 남성에 비해 적어서일지도 모르지만 의외로 타인에 대해 엄격하다. 우선 교통비 낭비, 화장 낭비(전체적으로 미용에 들인 비용까지 포함한다), 게다가 시간 낭비까지 포함해서 불평을 할 것임에 틀림없다.

특히나 여성은 남성보다 시간에 쫓기기 때문에 시간 소비를 굉장히 중요시한다. 남자도 시간에 쫓기고 있는 것은 마찬가지지만 특히 술을 마시는 등의 개인적인 시간 정도는 쉽게 만들 수 있다. 그러나 주부에게 그렇게 쉬운 일만은 아니다.

극단적인 예로 텔레비전 드라마를 볼 시간이 없다고 화를 내는 경우도 있다. 그러니 그 정도의 시간은 어떻게든 되겠지 하는 표정을 지어서는 안 된다.

그만큼 시간을 귀중하게 여기는 게 여성이라고 생각하면 된다. 여기에서

(1) 귀중한 시간을 아낄 수 있는 상품과 서비스
(2) 귀중한 시간을 소비하기에 충분한 상품과 서비스

를 떠올릴 수 있다. 이것이야말로 여성의 궁극적 목적인 것이다. 알기 쉽게 예를 들어 설명하면, 통신 판매 상품이 있다. 이 '통신 판매'의 의미는 상점에 가서 들이는 시간을 줄이는 것으로 여성 고객의 귀중한 시간을 염두에 두고 개발된 것이라고 할 수 있다.

그래서 통신 판매란 선택하는 상품의 수가 많음과 동시에 고르기 쉬운 서비스가 포인트이다. 하지만 시간 절약 상품에 대해 말하면 굳이 통신 판매만이 아니라, 차도 있고, 전화도 있고, 또 단시간에 밥을 지을 수 있는 취사용품도 있다. 이런 관점에서 생각하면 지금까지 잘 팔리지 않던 상품도 빛을 볼 수 있게 될 것이다.

예를 들면 상품배달의 서비스를 실시하면 단연 유리해지는 것이다. 일손도 없다, 배달할 시간도 없다, 그러면 차라리 가게를 접는 게 낫다. 현재는 거대 조직도 두시간 단위의 배달 시간 서비스를 하는 세상이다. 작은 상점이 살아남기 위해서는 거대 조직 이하의 서비스로는 절대 무리라는 것을 알아 두

어야 한다.

한편, 시간을 소비하기에 충분한 상품과 서비스의 대표는 텔레비전 게임, 인터넷, 스포츠, 레져일 것이다. 예를 들어 최근 가장 최악의 서비스를 하는 곳은 각 민영 방송국의 계열 방송사에 의한 프로야구 중계이다. 어느 방송국이나 대체로 오래 해보았자 9시 25분까지 중계를 하고 종료한다. 시합이 가장 열기를 더하는 시간대인 만큼 시청자 대부분은 격분하게 된다. 머지 않아 지상파 민영 방송국에서 야구 중계는 사라지게 될 것이다. 이런 어중간한 서비스에 시청자가 잠자코 있을 리가 없기 때문이다.

이것은 하나의 예에 불과하지만 레져 중의 하나인 서적도 비슷한 경우가 일어날 수 있다. 서점에 가도 찾는 책이 없었던 경험은 누구에게나 있다. 근래에는 중고 서점 쪽이 훨씬 책을 찾을 확률이 높다. 서적 그 자체는 귀중한 시간을 소비하기에 충분하다지만 서비스가 동반되지 않고는 여성 고객은 더욱 더 멀어진다. 어쩌면 21세기에는 서점이 사양 산업의 톱의 자리로 뛰어오를지도 모른다.

여성에게는 때로 돈을 내면서까지 시간을 사고 싶어지는 일조차 있다. 미하엘 엔데의 '모모' 는 시간도둑의 이야기인데 인생에서 얼마나 시간이 소중한가를 우화적으로 썼다. 그리고 이 동화는 현대 여성의 애독서 중의 한 권이다.

# 이익을 원한다

여성은 보수감각이 뛰어나다. 그 이유는 오랜 시간에 걸쳐 집안 일이 무보수였다는 점에 근거하고 있다. 더 이상 무보수는 싫다는 것이다. '덤'을 원하는 심리도 주부에게는 절실하다.

어느 시대를 막론하고 여성은 시부모와 남편에게 저자세를 취해 왔다. 말하자면 트러블이 생겼을 때 항상 지는 모습으로 일관하지만 일단 밖으로 나가면 상점 주인에게는 지고 싶어하지 않는다.

'부인에게는 이것을 하나 덤으로 드리지요' 라는 가게 측의 서비스에 여성들은 승리감을 만끽한다. 이런 여성감각은 모든 분야에 걸쳐 유행처럼 퍼져 있다. 작은 경단 한 개라도 단골이라고 하나씩 더 준다면 그 가게의 절대적인 팬이 되는 것이다.

보수 중에는 말에 의한 사례도 있지만 그것으로는 실리주의인 여성들에게는 효력이 약하다. 비록 몇 번 '감사합니다' 라는 말을 들었다 해도 고객 쪽에서는 내심 그렇게 고맙다면 ①실질적인 플러스 ②실질적인 할인 ③한번으로 끝나지 않는 서비스, 이 중 어떤 것이라도 해야 한다고 입을 모으고 있다.

우선 실질적인 플러스라는 것은 양을 말한다. 덤도 포함해서 가게 쪽은 어떻게 하면 고객에게 이 플러스가 되는 면을 어필할 수 있을까 생각하지 않으면 안 된다. 그렇지 않으면 고객들이 이익을 봤다는 기분이 나지 않기 때문이다.

다음으로 실질적인 할인도 이익이 된다. 그것은 금전에 의한 것이 보통인데 가격에 비해 더 좋은 물건을 건네는 것도 좋은 방법이다. 한 개에 백 엔하는 사과를 샀을 때 백 이십 엔 정도의 가치를 지닌 사과를 건넨다면 좋은 할인 방법이 된다.

게다가 그 때만이 아니라 다음에도 그 다음에도 서비스할 수 있다는 것을 약속한다. 최근 고객 포인트 카드를 건네는 백화점이나 가게가 많은데, 이 또한 채소 매장의 어느 가게에서 물건을 사더라도 포인트는 가산되어야 한다. 어떤 백화점은 가게별로 포인트를 주게 되어 있는데, 이런 경우는 매번 같은 채소 매장을 찾는 고객은 그리 많지가 않을 것이다.

혹시 이 방법을 계속해 가면 백화점 그 자체에 반발이 일어나게 되는 것은 아닐까? 내가 알고 있는 니혼소바(일본 메밀국수) 가게에서도 좀 우스운 서비스를 하고 있다. 한 번 가게에 올 때마다 도장 1개, 15개가 되면 백 엔어치를 서비스한다는 포인트 카드이다.

여성 고객은 금방 이 거짓말을 눈치챌 것이다. 예를 들면 한 번에 육백 엔하는 국수를 먹는다고 하면 15번이면 구천 엔을 지출하게 된다. 이것으로 겨우 백 엔이 할인된다고 하면 도대체 몇%의 비율이 되는 것인가? 1% 남짓한 이익을 얻기 위해 15번이나 이 소바 가게에 다닐 것인가? 다닐 리가 없다. 그렇게 되면 가게 매출은 더욱 부진해진다.

아무리 이익을 얻고 싶다 해도 너무 쩨쩨하게 군다면 반발심을 살 수 있다는 사실에 경계하지 않으면 안 된다. 이것은 남녀간의 연애에서도 같다.

남자가 데이트 신청을 했다. 영화도 보고 식사도 했다. 남자가 전부 지불했다고는 하지만, 귀가가 늦어진 여성은 택시를 타고 집으로 돌아와야만 했다면 수지는 완전히 마이너스가 된다. 그녀는 이런 남자와의 데이트에는 두 번 다시 응하지 않을 것이다. 이때 택시비를 미리 건네 준다든지 선물을 건네 주면 그 남자는 그녀를 두 번째 데이트에서 사로잡을 수 있을지도 모른다.

얼마 안 되는 택시비가 아까워서, 또는 신경 쓰지 않아서, 남자는 여자를 잃게 되는 것이다.

비가 오는 날이라면 우산을 사주면 좋고, 맛있는 케이크를 먹지 못했다면 다른 가게에서 케이크를 사서 선물하면 된다.

남자와 여자 사이는 단지 애정만으로도 모든 것이 해결된다고 생각하는 남자라면 평생 좋은 일이 생길 것이라고 기대하지 않는 게 좋다. 연인사이든 부부사이든 실질적인 이익을 주지 않는 한, 여자는 마음 속 깊이 감사해하지 않는 존재라는 것을 머리에 새겨두자.

# 기다리게 하지 않는다

남자와 달리 여성에게는 시간이 천천히 흐른다고 앞에서도 이야기했는데 그만큼 기다리는 것에 강하다는 말이다. 그 중에서도 전업주부는 하루종일, 아이와 남편의 귀가를 기다리는 것에 익숙해 있는 만큼 조금 기다리게 하는 것쯤은 괜찮겠지 하고 생각하는 경향이 있는데 보통은 그렇지 않다.

예를 들어 켈리 백(역주: 1956년 영화배우 그레이스 켈리가 사용한 조그만 손가방으로 지금은 하나의 스타일이 되었다)처럼 오랜 시간을 기다릴수록 한층 가치가 오르는 상품도 있지만, 이것은 굉장히 드문 경우다. 일반 상품인 경우 '10일'에 줄 수 있는데 '9일'에 주겠다고 단정지어 말하는 것은 피해야 한다.

반대로 '10일'에 건네줄 수 있지만 아무래도 늦어질 것 같다고 생각되면 '12일'이라고 이틀 늦춘 날짜를 말할 정도의 융통성을 갖고 있어야 할 것이다. 자신의 힘으로 '9일'로 단축할 수 있는 것과 자신의 힘으로는 도저히 안될 경우 절대 문제가 없는 날짜를 말해야 한다. 왜 그렇게 하지 않으면 안될까?

여자는 의심이 많기 때문이다. 하루라도 늦으면 '수상한 인간' '수상한 가게'라고 오해를 한다. 가령 먼저 돈이라도 지불해 뒀다면 단 하루가 경과해도 큰 소동이 벌어질 것이다.

이것은 '기다린다'와 '기다리게 한다'의 차이라고 말해도 좋을 것이다. 자발적으로 '언제까지나 기다릴게' 하고 여자가 말했다면 언제까지 결혼하지 않아도 그녀는 오로지 기다릴 수 있으며 놀랄 만큼 강한 인내로 기다린다.

그런데 누군가 기다리게 해서 '기다린다'의 경우는 이것과는 다르다. 능동성이 전혀 없기 때문이다. 물론 표면적으로는 기다리는 초조함을 숨길지도 모르겠지만, 분명히 기다리게 하는 장본인에게 모멸의 시선을 보낸다. 어이가 없다 싶을 정도로 머리가 나쁜 것인지, 왜 일의 순서를 이렇게 만들었는지 괴로워한다.

주부의 경우 저녁이 됐는데도 아이의 귀가가 늦어지면 시간이 늦어지는 것에 불안해할 것이고 남편의 귀가 시간이라면 한층 더 할 것이다. 어쨌든 '기다리게 하는' 일은 최악이다. '3시에 도착합니다', '5시까지는 완성해 두겠습니다'라고 해 놓고 고객이 들어오고 나서야 당황해서 물건을 싼다면 이미 때는 늦었다. 물건의 확인을 위한 의미로 봉투에 넣어 두지 않은 것이라면 별개의 문제이지만, 3시라든지 5시라고 하는 약속 시간은 물건을 완전히 건네주는 시간이라는 것을 염두해 두어야 하겠다.

이것은 고객을 환영하는 말에도 배어 나온다. 예약 고객이 왔을 때 '어서 오십시오' 하고 언제나 정중하게 맞이하는 인사와 '기다리고 있었습니다. 환영합니다' 하며 대기하고 있었던 느낌을 표현하는 인사 중 틀림없이 후자 쪽을 고객들은 좋아할 것이다. 그것은 '기다리게 하지 않겠습니다' 라고 하는 의미가 내포되어 있기 때문에 말 하나, 인사 하나라도 얼마나 중요한지를 나타내고 있다.

또 도저히 어쩔 수 없는 이유로 고객을 기다리게 했을 때는 그에 대한 벌금을 지불해야 한다. 단순히 '대단히 죄송합니다' 라는 사죄의 말만으로 끝내서는 안 된다.

어느 남녀가 불륜 관계에 있었을 때 남자의 사정으로 여자의 귀가가 늦어졌고 불륜 사실이 발각되어 남편에게 이혼 당할 처지에 놓이게 되었다. 남자는 여자에게 사과했지만 그녀는 사과를 받아들이는 대신 자신과 결혼해 달라고 했다는 실화가 있다. 나의 친구 이야기로 결국 갈등이 깊어져 변호사끼리 이야기하지 않으면 안 될 사태가 되어 버렸다.

이 사건을 통해 남자가 여자를 기다리게 하는 것을 가볍게 생각한다는 것을 알 수 있었고 여자에게 있어 시간이 인생의 전환점이 되었다는 것도 알 수 있다. 쇼핑에 이런 심각한 사태가 일어나지 말라는 보장은 없다.

그 옷이 완성되지 않아 맞선에 실패한 경우라면 분명 한 여자의 인생을 바꾸어 버린 결과인 셈이다.

# 종이가방조차 화려하길 원한다

도쿄·아오야마에 키노쿠니야라는 식료품점이 있다. 일반적으로 식료품점에서 사용하는 종이가방을 손에 든 모습을 남들 눈에 띄고 싶어하지 않은 법인데 이 키노쿠니야만은 다르다. 이곳의 로마자로 가득한 종이가방을 들고 있다면 아오모리 근처에 살고 있는 사람이거나 적어도 직장이 가까이에 있는 여성이라는 것을 나타낸다.

말하자면 증거가 되는 종이가방이다. 인간은 누구나 외모를 가꾸고 싶어 할 것이다. 특히 젊은 여성은 패션으로 가꾸고 싶어하는데 연령대가 높아지면서 주거지가 외모의 증거품이 된다. 알기 쉽게 말해 젊은 여성이 걸친 옷이나 패션 소품은 대강 어디 브랜드의 물건인지 알 수 있다.

코코 샤넬은 샤넬 룩이라는 한눈에도 알 수 있는 디자인을 만들어 패션의 첫 증거품이라는 것에 성공했다. 이후 몇 개의 오뜨 꾸뛰르도 디자인이나 모양으로 샤넬의 뒤를 쫓았지만 성공한 것은 에르메스 정도에 불과하다.

그러나 대부분의 꾸뛰르는 자사의 이름을 붙여 마침내 고급의 증거품화하는 것에 성공했다고 해도 과언이 아니다. 이런 풍조가 오늘에 와서는 캐릭

터의 판권 붐을 일으키게 된다. 가장 큰 성공을 거둔 것은 오바Q(애니메이션 타이틀)일 것이다. 현재 도쿄 · 간다 짐보쵸(神保町)에 우뚝 서있는 쇼가쿠칸 (小學館) 빌딩이 오바Q의 판권으로 지어졌다고 화제가 되었을 정도다.

그리고 최근에 다시 쇼가쿠칸의 '포켓몬스터'가 대히트를 쳤고 후에 또 '타레판다'로 큰 붐을 일으켰다. 여하튼 이제는 패션뿐만이 아닌 자신의 존재가치를 높이기 위해 종이가방까지도 중요시하는 시대가 되었다. 이유는 입고 있는 패션은 일류 브랜드인데 그 차림으로는 도저히 동네 슈퍼의 봉투를 손에 들 수가 없기 때문이다.

두려운 것은 이런 경향이 거리의 생선가게나 채소가게의 부진을 초래하고 있다는 것이다. 브랜드 셔츠를 입고 신문지로 둘둘 싼 생선 봉투를 들고 거리를 걸을 수는 없는 것이다.

'어부지리'라는 생각지도 않은 제 3자가 이익을 취한다는 이 속담에는 원인과 결과 사이에 몇 개의 일들이 있었다고는 하나, '브랜드를 입고 다니면 생선가게는 망한다'는 상황이 되리라고는 그 누구도 생각지 못했을 것이다.

그리고 브랜드 전성기라고 해서 가령 거리의 부띠끄에서 진품 샤넬 셔츠를 팔기 시작했다고 해도, 잘 팔릴지 의문이다. 이유는 간단하다. 고급품을 샀으면 그것을 샀다는 증거가 필요하다. 혹시 샤넬 종이가방이 있으면 거기서도 잘 팔리겠지만, 그냥 거리의 옷가게 봉투에 브랜드 물건을 넣으려는 어리석은 행동은 절대하고 싶어하지 않는다.

그래서 거리의 옷가게도 센스 있는 종이가방이 필요해진 것이다. 지금 어느 가정에서나 쇼핑봉투가 어마어마하게 쌓여 있을 것이다. 여성들은 디자인이 나쁜 봉투부터 버린다. 유명한 부띠끄나 과자점의 봉투는 디자인이 좋아서 또 사용하겠지만 아무리 유명 백화점의 것이라도 조잡하다면 쓰레기 봉투 신세가 된다.

이제는 손에 드는 종이가방에조차 존재 이유, 존재 가치가 부여된 만큼 이런 경향을 무시하지 않는 것이 좋을 것이다.

# 좋은 여운을 남기길 원한다

'맞이할 때 세 걸음, 배웅할 때 일곱 걸음' 이라는 상인 사이의 철칙이 있다. 맞이할 때는 현관문까지 세 걸음 나가 문을 열어 주고 배웅할 때는 문 밖까지 나가 여운을 남긴다는 말인데 이것이야말로 고객에게 좋은 여운을 남기게 하는 방법이라고 할 수 있겠다.

가령 이것을 반대로 하면 어떻게 될까? 맞이할 때만 비위를 맞추고 돌아갈 때는 신경도 안 쓴다면, 고객은 돌아가는 전차 안에서 분개해 할지도 모른다. 그만큼 큰 차이가 있다.

옛날부터 일본에서 향기를 배개 하는 향도(香道)가 유행했는데 그 집을 나간 후 잠시 동안이라도 옷에 벤 그 집의 향기를 맡고 훌륭한 대접을 받았다고 생각해 주길 바랐기 때문이라는 설이 있다.

확실히 인간은 정서적 동물인 만큼 이러한 감성이 충족되지 않으면 진정으로 만족했다고 보기 어렵다. 쉬운 예로 결과적으로는 이익을 거뒀다고 해도 그 과정에서 거북했다면 그것은 나쁘게 여운이 남는 법이다.

나의 경험담을 이야기하면 도쿄 이케부쿠로의 S백화점의 지하 커피 매장

에는 버거가게의 매뉴얼과 마찬가지로,

'무엇으로 하시겠습니까?'

'커피는 간 것으로 하시겠습니까? 커피 메이커는 어느 것으로 하시겠습니까?'

'굵게 간 것으로 하시겠습니까? 중간 정도 간 것으로 하시겠습니까? 그렇지 않으면 잘게 간 것으로 하시겠습니까?'

'그 메이커의 커피는 잘게 갈면 잘 들어가지 않습니다'

'보통 며칠 간 마십니까? 그런데 진공포장을 하면 맛이 없어집니다' 등의 말이 점원의 입에서 끊임없이 흘러나온다.

이렇게 적으면 친절하게 들리겠지만 실은 전혀 그렇지 않다는 것을 알게 될 것이다. 커피는 그 사람 나름의 마시는 방법이 있고 어떤 커피 메이커든 자신의 것을 사용하고 있을 것이다. 잘게 간 커피가 맛이 없다고 해도 그것은 고객의 자유다. 또 며칠 동안 마시는지 질문을 받아도 어떻게 대답해야 할지 몰라 그냥 4, 5일이라고 답하면 그때는 진공포장을 하면 맛이 떨어진다고 한다. 모두 부정적이고 고객을 무지하게 여기고 바보 취급하고 있는 것으로 밖에는 안 들린다.

편의점의 식료품이라면 대강 2일이 지나기 전에 먹어야 한다는 것 정도는 누구라도 알고 있지만 기호식품은 그렇지 않다. 즉, 이 백화점의 매뉴얼은 커피가 전혀 기호식품이라는 것을 무시하고 만들어졌다는 것을 알 수 있다. 이래서는 커피의 여운이 나빠질 뿐이다.

물론 여운이라는 것을 필요로 하지 않는 물건이나 가게도 많이 있다. 예를 들면 젊은 사람이 사는 물건과 가게이다. 젊은 사람들에게 있어 여운이란 그다지 신경 쓰이지 않는 것인지도 모른다. 하지만 그들이 택시를 이용했을 때,

'만 엔입니까? 잔돈 없어요? 거스름돈이 없는데……' 하고 운전사가 불평을 계속 하면 결국 끝내는 안주머니를 뒤져 천 엔짜리 몇 장을 꺼낸다. 이런 경우에는 짜증내듯이 차에서 내리자마자 타이어를 발로 차는 남자도 있다. 그들도 여운이 나빴던 것이다.

이렇게 생각하면 '여운'의 대부분은 말에서 온다는 것을 알 수 있을 것이다. 그리고 그 말에 걸맞은 태도가 따르지 않으면 안 된다. '감사합니다'라는 말이 감사의 인사인 이상, '고맙다'는 말보다 한층 더 정중함이 있어야 한다. 그 정중함은 분명히 태도에서 배어 나오지 않으면 안 된다.

# 실리, 실용, 실익을 원한다

여성이 욕심이 많다는 것은 잘 알려져 있는 사실이다. 잘 되는 가게, 잘 팔리는 상품에는 반드시 여성 고객에게 뭔가 플러스가 되는 것을 주고 있는데 여자들은 그 낌새를 차리는 능력이 대단하다.

예를 들면 어느 최고급 가게가 있다고 하자. 어떤 가게라도 좋다. 아주 비싼 상품은 잘 팔리지 않을 거라고 생각하겠지만 그것은 예상외로 잘 팔리고 있다.

그 이유는 여성 고객이 그 가게에 실리, 실용, 실익 중에서 하나라도 플러스되는 것을 발견했기 때문이다.

어쩌면 반품 자유라는 생각지도 않은 것이 플러스의 요인이 될 수도 있고 현금을 한몫 잡을 수 있는 기회가 될 지도 모른다. 와코루(란제리 브랜드)의 어느 지점에서는 자신의 가게에서 판 상품이 아니어도 자사제품이라면 반품 자유라는 시스템을 채택하고 있는데 이것이야말로 고객에게 실리를 가져다 줄 수 있다. 그리고 이곳의 점장에 의하면 특히 반품 고객에게 귀찮아하거나 싫은 내색을 하는 것은 금물이라고 한다.

혹은 주차장에 있는 고객의 차까지 물건을 운반해 주는 서비스마저 실시하고 있을지도 모른다. 이미 이런 서비스를 시행하고 있는 곳도 있는데 앞으로는 소홀히 해서는 안 될 실용 서비스가 될 것이다.

또 그 상품을 구매함으로써 지적으로 유익한 일이 생길지도 모른다. 이전에 비발디의 CD를 몇 장 샀을 때 그의 전기가 쓰여진 소책자를 받았다. '사계'로 유명한 작곡가라고 해도 그의 업적을 자세히 모르는 사람들이 많을 것이다. 우연히 이 가게의 주인이 18세기의 음악에 매료되어 있었던 것일지도 모르겠으나 이러한 실익 서비스로 많은 고정 고객을 확보할 것이다.

또 하와이의 중심가인 와이키키의 쇼핑 센터에서 우쿠레레(기타와 비슷한 네 줄로 된 현악기로, 하와이 원주민이 애용하는 악기)를 샀는데 매일 오후 4시부터 초보자를 위한 강습 교실을 열고 있었다. 꼭 이 우크레레로 간단한 곡을 마스터하고 나서 귀국하려고 했는데 이것은 실리, 실용, 실익을 모두를 포함한 서비스라고 할 수 있다. 해외에서의 이러한 서비스는 직접적인 고객 확보는 할 수 없지만 입에서 입으로 전해져 고객이 늘어날 수 있다.

원래 여성은 손해보는 것을 싫어하는 특성을 가지고 있다. 세 여성이 아이스크림 가게에 들어가 주문을 했다고 하자. 이 때 한 사람 것에만 크림이 녹아있다면 그 고객은 몹시도 기분 나빠할 것이다.

이것을 다른 각도로 말하면 가까운 사람에게 지고 싶어하지 않는 심리의 발로로 나쁘게 말하면 자신에게만 실리, 실용, 실익이 주어지길 원한다. 호스트 클럽에 세 명의 여성이 갔을 때 호스트는 각자 다른 상황에서 자신의 휴대폰 번호를 다른 사람 모르게 가르쳐 준다.

한 사람에게는 춤을 출 때 속삭여서, 다른 한 사람에게는 화장실에 안내하면서, 마지막 한 사람에게는 집에 돌아갈 때 손안에 쪽지를 쥐어준다. 각자 '비밀이야' 라는 말을 호스트에게 들려준 만큼 자신만이 실리를 얻었다고 생각하도록 때로는 어떤 업종에서도 이러한 테크닉이 필요하다.

그렇지만 여성 고객에게는 거짓말이나 과장된 표현은 절대금물이다. 실리의 '실' 이란 정직, 실체, 실질, 내용을 의미하는 것으로 상품이든 일하는 종업원이든 거짓은 곧 들켜 버린다. 그녀들은 진짜 서비스를 원하고 있는 것이다.

# 지나치게 정중한 것도 문제가 될 수 있다

우리는 기분을 항상 일정하게 유지시키는 것의 어려움을 알고 있다. 지금 화가 났다고 생각하면서도 순간 큰 소리로 웃는 사람도 있고 감동한 나머지 우는 사람도 있다. 말하자면 그것이 인간적이라는 것이다. 너무 깍듯하게 정중한 것은 오히려 인간미가 없어 보인다.

어느 가게에 들어간 여자 고객이 너무나 정중한 응대에 '혹시 내가 바보 취급 당하고 있는 것은 아닐까?' 라는 의심을 한 적이 있다고 하는데 확실히 그렇게 생각된다고 해도 어쩔 수 없을 것이다. 좀더 심술궂게 말하면 고객이 돌아간 후, '저 고객은 상품의 가치 같은 건 모를 거야' 하고 점원끼리 비웃으면서 이야기하는 모습이 떠오른다. 정중에는 두 종류의 의미가 있다. 상점 관계자 중에는 이것을 잘 모르는 사람이 많이 있을 것 같다.

(1) 정성, 성심, 세심
(2) 정중, 예의, 공손

지나치게 정중한 행동이 나쁘지 않게 보이겠지만 이 (1)과 (2)의 의미를 잘 생각해 보면 (1)의 경우는 '자기 자신'에 대한 것이고, (2)의 경우는 '상대방'에 대한 것임을 확연히 구분할 것이다.

즉, 지나치게 정중한 자세가 자신을 위해 행해지고 있는 것인 만큼 정성과 세밀함이 더욱 증폭되어 절대로 실수를 저지르지 않게 된다. 그러나 상대에 대한 정중함이 반복되고 예의가 지나치면 오히려 실례가 된다.

간단히 예를 들어 보자. 밤에 가게문을 닫을 때 한번 가게 안을 점검하는 것보다 한층 더 정성 들여 두 번, 세 번 둘러보는 것이 옳다. 하지만 이것을 '상대방' 즉 여점원에게 '저 먼저 가도 괜찮습니까? 가시기 전에 가게 안은 확실히 둘러봐 주시기 바랍니다' 하고 한껏 정중한 척 말해 보았자 부하의 눈에는 자신이 먼저 빨리 돌아가려는 것으로 밖에는 보이지 않는다. 부하는 '아니꼬운 상사야. 말은 정중하게 해도 기분 나쁘다' 라는 반응을 보인다.

그런데 어째서 정중함은 그만큼 평가 받지 못하는 것일까? 사람의 체온을 느낄 수 없기 때문이다. '미처 생각지 못한 환대를 받았다', '생각지 않게 대접을 받았다' 라는 경우 반드시 따뜻한 환대, 따뜻한 대접에서 사람의 체온을 느낄 수 있다.

즉, 사람을 환영하려면 상대방보다 높은 체온이 되는 것이 좋다. 그런데 지나치게 정중하면 왠지 인간미가 없어 차갑게 느껴지기 때문에 여성 고객이 좋아하지 않는 것이다.

그런데 고령자나 노인이 되면 체온 그 자체가 낮아지는 만큼, 따뜻함을 바로 느끼는 일이 적어진다. 그래서 지나치게 정중한 것을 좋아하는 경우도 있지만 그것은 극히 드문 경우로 가능하면 지나치게 정중한 태도는 전부 버려야 할 것이다.

단, 상류계급의 일부에서는 지나치게 정중한 태도야말로 서민과의 사이에 선을 긋는 것이라 여기고 '황실 언어'를 사용하고 있는 사람들이 있다. 가령 '황실 납품'을 하는 입장이라면 예의를 지키지 않으면 그것으로 끝이다. 하지만 이런 입장의 사람은 좀처럼 없을 것이다. 그래도 황실 언어가 불필요한가 하면 그것은 아니다. 정중함이 과하다 해도 따뜻함이 있다면 그것이야말로 금상첨화일 테니 말이다.

젊은 여자 고객들은 자신들의 교제에서도 점점 '체온형'으로 바뀌고 있는 만큼, 시대에 뒤떨어진 매너나 접객 방법은 피하는 것이 좋을 것이다.

# 여자도 남자의 물건을 원한다

구매심리 중에는 '진귀한 물건 지향'이 반드시 숨어 있다. 모르는 것을 알고 싶어하는 심리라고 해도 좋겠다. 친구가 소니의 AIBO라는 로봇 개를 운좋게 손에 넣었다. 이 때 누구나 이 개를 보고 싶고 만지고 싶어했음이 분명하다. 미지의 것에 대한 큰 동경으로 달리 생각하면 여자에게는 남자의 물건이, 남자에게는 여자의 물건이 일종의 진귀한 물건이 되는 것은 아닐까? 그것도 미지의 것이니까…….

특히 여성이 남성의 물건을 갖고 싶어하는 것 같다. 왜 그럴까? 이유는 네가지다.

(1) 여자가 가정을 떠나 직장에 진출했기 때문에
(2) 여자와 남자의 흥미와 기호가 일치했기 때문에
(3) 여자의 사회적, 심리적 요인이 남자에 가까워지고 있기 때문에
(4) 여자가 남자 없이 단신 세대를 갖기 시작했기 때문에

지금까지의 여성은 가정을 지키는 안주인, 즉 주부로 살아온 만큼 성 역할이 정해져 있었다. 그랬던 만큼 남자의 물건을 일부러 살 필요도 없었고 가령 그것이 생겼다해도 사용할 일이 없었다. 그러나 지금은 대부분의 여성이 학업을 마친 후 여러 분야에서 종사하고 있다. 사용하는 물건 역시 성별이 구분되지 않은 상품이다. 그 전형적인 것이 컴퓨터이다. 물론 차도 그렇고, 담배, 술도 점점 남자의 소비량에 근접해 가고 있다.

그뿐만이 아니다. '21세기는 원시로 돌아간다' 라는 말도 있듯이 인간에서 동물로 한 걸음 가까워지는 경향도 무시할 수 없다. 학자에 따라서는 최근 빈번히 일어나는 무차별 살인은 동물이 어금니를 가진 것처럼 인간도 권총이나 칼을 지니지 않으면 생활할 수 없는 원시성의 표현이라는 지적도 있다.

남자도 여자도 어금니를 들어낸다면 성인 용품도 남녀의 구별 없이 사용되면서 더 이상 남자만이 즐기는 상품이 아니다. 또 이제까지는 망치나 드라이버가 남자들이 사용하는 물건이었다면 여성들이 남자 없이 혼자 살기 시작하면서부터 이런 남녀를 구분짓던 상품의 성역이 허물어져가고 있다. 도큐한즈(東急ハンズ)를 비롯한 DIY숍, 문구점, 또는 다이소의 100엔 숍에 이르기까지 이제는 여자 고객들로 넘쳐나고 있는데 그녀들이 남자들이 사용하는 생활도구, 생활용품을 얼마나 필요로 하고 있는지 잘 알 수 있을 것이다.

그렇지만 그녀들은 이런 상품들을 남자들처럼 많이 이용하지는 않고 손질하려고도 하지 않을 것이다. 편리한 용품이라서 좋을 뿐 그 이상은 아니다.

이렇게 되면 10대 여성 이외에는 점점 안정적인 색채의 물건을 원하게 된다. 왜냐하면 원래의 여성 상품이 컬러풀한 데다 남녀구분이 없는 물건까지

컬러풀하다면 방안은 여러 색깔로 머리가 어지러워질 정도가 되기 때문이다. 즉 하나의 상품은 다른 상품과 연관 관계가 없으면 '불필요'해진다.

예를 들어 아무리 훌륭한 물건일지라도 그것을 사는 여자 고객의 방안이나 소지품들을 고려하지 않고서는 전혀 살 수가 없다. 최근 서점에서 신간 서적의 판매량이 부진한데 책 사기를 싫어해서가 아니라 젊은 남녀의 방 안에 있는 책장이 신간 서적에서 CD나 문고에 적합한 것으로 바뀌어 버렸기 때문이라고 한다. 이런 관점에서 생각하지 않는다면 앞으로 늘어나는 상품을 꿰뚫어 보는 일은 불가능할 것이다.

# 개성 있는 고객이길 원한다

여성이라면 누구나 유행에 뒤지기 싫어하는 면과 유행을 리드하고 싶어하는 적극적인 면이 있다.

설령 유행에 뒤지지 않았다고 해도 다른 사람과 비슷한 수준이라면 괜찮지 않을까 하겠지만 그리 단순한 문제가 아니다. 휴대전화의 색을 개성 있게 하고 싶어하고 휴대폰 줄을 매일 바꾸는 여고생도 있다. 그것은 '대중 속의 자신'을 눈에 띄게 하고 싶어하는 심리로써 다른 말로 바꾸면 '개성 있는 고객'이 되고 싶은 것이다.

이때 중요한 것은 '본체는 바뀌지 않는다'는 사고방식이다. '휴대전화는 바꾸지 않지만 줄은 교체한다'는 심리는 거대한 유행의 소용돌이 중 작은 부분만 바꾸고 싶어하는 사고방식이라고 이해하면 되겠다.

이 현상을 간단히 정리하면 부품교환을 전문으로 하는 곳이 필요해졌다고 할 수 있다.

차로 말하면 시트나 타이어만 바꾸고 싶어하는 것이고 패션으로 말하면 소품, 악세사리류를 매일 바꾸고 싶어하는 경향이다. 이런 것으로 개성을 도

모하고자 하는 것이다. 이들의 개성적이고 싶어하는 작은 바람을 이루어 주는 것은 상품 판매원으로서 중요한 일이다.

물론 이것은 유행 이외에도 마찬가지다. 레스토랑에 들어가는 고객이 모두 똑같이 배가 고픈 것은 아니다. 때문에 매번 수북하게 음식을 담아 내서는 안 된다. 배에서 소리가 날 정도로 배가 고픈 고객에게는 수북하게 담아야 하겠지만 그다지 배가 고프지 않은 고객에게는 절반 정도, 또는 그보다 작은 크기의 세트가 필요할 것이다.

이때 레스토랑의 메뉴가 단순한 식단 일람표처럼 평범하다면 재미가 없다. 생선을 메뉴로 한 곳이라면 '몸이 좀 무거운 분을 위해' 등의 개성적인 선전 문구가 필요할 것이고 살찌는 것에 신경 쓰는 사람에게 적합한 문구도 있으면 좋겠다.

자명종 시계소리에 따라 상쾌한 아침을 원하는 사람도 있을 것이고 어떻게 해서라도 일찍 일어나야 하는 사람도 있을 것이다. 또 자명종 시계 하나로는 일어날 수 없을 때를 대비하여 예비로 이용하고자 하는 사람도 있을 것이다. 그 중에는 남자 탤런트의 목소리가 나오기를 원하는 여성도 있을 것이다.

이처럼 개성을 요하는 상품은 앞으로도 더욱 그 수요가 늘어날 것이다. 그 이유로 단신 세대가 대폭 증가하기 때문이며 비록 가족이 있어도 각자 일어나는 시각이 다른 현대 사회이기 때문이다.

그리고 이런 상품이 개발되지 않아도 판매자가 선전 문구라는 유력한 무기로 고객의 개성화를 추진할 수 있다.

앞으로 가게 주인은 가게에 나와 단지 고객의 비위나 맞추는 웃음만 짓고 있어서는 안 된다. 그것은 호랑이 담배 피던 시절의 판매 방법이고 지금은 선전 문구로 그 웃음을 대신해야 할 때다.

'그런 선전 문구 같은 것은 너무 어려워서 못하겠다' 고 한다면 젊은 사람들이 볼 만한 직업 알선 잡지를 한 권 사서 펼쳐 보라.

눈에 번쩍 띄는 문구가 많이 나와 있다.

# 애매한 표현은 싫다

'항상 감사합니다'

고객을 상대할 때면 의례 따라 나오는 인사말인데 이 표현이 점차 문제가 되고 있다. 처음 들어온 가게에서 이런 인사말을 듣는 것이 싫다는 젊은 사람들이 늘고 있기 때문이다.

예전의 여성들은 오히려 이런 애매함을 좋아했었다. 왜일까?

적어도 가게에서 '항상'이라고 한 이상 고객으로서 대우 받고 있으며 그것은 결코 손해 볼 일이 아니었기 때문이다. 하지만 이것은 촌락사회가 형성되었을 무렵의 아쉬움 끝에 나온 표현으로 대부분의 고객이 가까운 상점가의 특정 가게에서만 물건을 사던 시절의 이야기이다.

그러나 오늘날의 여성들은 상품가를 표류하는 타입이거나 때론 충동적으로 새로운 가게로 향하는 타입이 많아 졌다. 또 잡지, 텔레비전의 정보나 전해들은 말을 통해 연이어 새로운 가게를 개척해 가는 만큼 '항상'이라는 표현이 사용하기 힘들어진 것이 현실이다. 그뿐이 아니다.

"또 오세요."

"가까운 시일 내에 또 들려주세요. 기다리겠습니다."

라는 애매한 표현도 완전히 불필요해졌다. 그녀들은 오고 싶으면 오고, 오기 싫으면 오지 않기 때문이다. '특별히 잘 봐주세요' 라는 말을 들어도 싫어하는 가게라면 두 번 다시 방문하는 일은 없다. 그리고 무엇보다 멀리 떨어진 곳에서 잠깐 들르는 고객일 수도 있다.

그만큼 지금의 여성들은 직설적인 성격으로 바뀌었다고 할 수 있다. 남자와 여자의 관계에서도 '사랑한다' '좋아한다' 는 속삭임이 줄어들었다. 옛날 남자들은 이 속삭임을 이용하여 특별한 관계까지 가곤 했지만 요즘 여성은 '하고 싶다' 고 정직하게 말해 주는 쪽을 좋아한다. '사랑한다' '좋아한다' 는 애매한 표현으로 강요하는 남자라면 분명 얼마 지나지 않아 도망가기 때문이다.

'같이 자자' 라는 말은 분명히 성행위를 나타내는 표현이다. 같이 잤다고 해서 그 후로도 계속 교제를 해야 한다는 강박관념은 전혀 없다. 마찬가지로 쇼핑도 한 번 가게에 들렀다고 해서 그 후에도 계속 그곳을 이용해야 한다고 아무도 생각하지 않는다.

그만큼 정직하게 자기 의견을 표현하는 것을 여성들은 좋아한다.

"감사하다고 말하고 싶지만 너무 물건 고르는 솜씨가 좋아서 두 손 들었습니다."

라는 인사말이 더 좋다. 어쨌든 처음 방문한 고객이라면 '항상' 은 빼고 '오늘 감사했습니다' 만으로도 충분한 것이다.

'또 오세요' 라는 말은 그냥 목구멍으로 심켜버리고 차라리 그 기분을 서비스로 나타낸다면 더욱 바람직하지 않을까.

　그런 목적으로 방문횟수 서비스 등의 고객화 전략이 있을 수 있다. 고객화 전략은 가능한 한 많으면 많을수록 좋다. 그리고 그런 방법은 될 수 있는 한 구체적인 것이 좋다. 서비스까지 애매하다면 완전히 외면 당해 버릴 수 있기 때문이다.

# 판매원의 논리는 필요 없다

 여성에게 있어 상품 판매원은 마치 연애할 때 자신에게 잘 보이려는 남자와 비슷한 법이다. 하지만 여성은 의심이 많은 만큼 '사랑한다'고 일방적으로 다가와도 그 증거가 없으면 남자의 생각대로 움직여주지 않는다.

 예를 들어 사랑의 최대 증거는 결혼이다. '결혼하자'고 하면 다음에는 '언제 결혼하는 거야?', '어머니는 언제 인사시켜 줄 거야?', '결혼 날짜는 언제쯤 잡을 거야?' 등의 개별 교섭에 들어가 만족할 만한 답을 얻어 낸다면 금방이라도 호텔로 향할 수도 있다.

 이 때 남자의 논리에 의해

  (1) 아직 결혼할 수 있을 만큼의 수입이 없다

  (2) 아버지의 병환이 나은 후에 하고 싶다

  (3) 그래도 너를 사랑하기 때문에 동거하고 싶다

 등의 이기적인 요구를 포함시키는 남자도 있는데 이런 이기적인 논리는 통하지 않을 것이다.

가게의 판매원도 소비자주의(consumerism)를 잊고 억지로 물건을 떠넘기려 해서는 안 된다. 휴일이 많은 것은 고객의 편리를 생각하지 않은 처사로써 고객이 떨어지는 것도 당연하다. 판매원의 논리는 폐점할 때의 태도를 보면 금방 알 수 있다고 한다.

누구나 빨리 가게를 닫고 싶어하기에 폐점 준비를 하는 동안 고객이 오면 가령, 고객이 찾는 물건이 가게 안 어딘가에 있다는 것을 알면서도 짐짓 '고객, 그 물건은 지금 다 팔리고 없습니다' 라는 변명을 하기도 한다. 택시가 영업을 끝마치고 슬슬 차고로 돌아가려는데 부슬부슬 비가 내린다. 그때 고객이 손짓을 해도 모른 척하고 가버리는 운전사가 적지 않은데 이 또한 '폐점 시간 때의 이기적인 논리' 가 작용한 것이다.

만일 이때 고객을 태웠는데 비가 억수같이 내리게 됐다면 세차할 시간까지 더 걸리게 된다. 그렇다면 고객을 태우지 않고 바로 돌아가는 것이 이익이라는 것을 남자 고객이라면 이해할 수 있겠지만 여자 고객은 절대 이해하지 못하며 알려고도 하지 않을 것이다. 판매원의 논리를 빌리자면 폐점 이후에는 '내가 볼일이 있어서 다시 열 수 없습니다' 라는 강인한 요구의 의미가 된다.

그런데 미토시(水戶市)의 어느 약국은 '폐점 후에 급한 용무가 있으신 분은 점포 왼쪽의 벨을 눌러 주십시오. 또 전화는 ○○○ - ○○○○로 부탁드립니다' 라는 안내문을 내걸어 수많은 여성 고객들의 지지를 얻었다고 한다.

판매자의 논리를 고집하는 가게가 많기 때문에 더욱 구매자의 편의를 도

모하는 가게가 부각되는 것이다.

구매자의 논리라고 해봤자 기본적으로는 두 가지밖에 없다. 편의(convenience)와 상담(consulting)이다.

역으로 나타내면 판매자의 논리란,

(1) 가능한 편의는 시간 이내로 한다. 시간 이외는 귀찮다

(2) 상담은 가능한 받고 싶지 않다. 잘 모르는 것이 들통날 수도 있으며 무엇보다 늦었는데 더 이상 시간을 빼앗기는 것이 싫다

등일 것이다.

분명 이런 사고방식으로는 고객들로부터 합의(consensus)나 신뢰(confidence), 만족과 내용(content)을 이끌어 낼 수 없다. 소비자 주의(consumerism)가 포함된 4C 서비스가 여성 고객 획득의 결정적 근거가 되는 것이다.

# 장사의 진수에 대한 18가지

그녀의 지갑을 열어라 | 제 3부 사회의 변화를 읽어라

# 가드닝(gardening)의 진정한 의의

가드닝이라는 말이 유행하기 시작한 것은 그리 오래 전 일이 아니다. 처음에는 글자 그대로 정원의 화초 가꾸기라는 형태로 조용한 붐이 일었다. 그러나 최근에는 약간 방향이 달라졌다. 정원이 아닌 담이나 문, 창에도 화초나 화분이 장식되어 길가는 사람들의 눈을 즐겁게 해 주고 있다.

여기에 일본 여성들의 '가옥 본연의 모습과 사고방식' 이 바뀌어 왔다고 할 수 있다. 지금까지의 일본 가옥은 유럽이나 미국에 비해 폐쇄적이고 정원은 수목 중심이었으며 담은 사람들의 시선을 받지 않도록 만들어졌었다.

가드닝의 주목적은 길가는 이들의 시선을 끌기 위함이다. 즉, 가옥을 매개로 잘 알지 못하는 타인과의 접점을 원하는 것이다. 또 지금까지의 꽃꽂이 사상은 가능한 좁은 방에서 장식하며 고독과 마주하는 식으로 꽃을 감상했는데 점점 넓은 방, 넓은 공간, 옥외라는 사상으로 바뀌었다. 이렇듯 가드닝 사상은 같은 꽃을 다루지만 축소사상의 꽃꽂이와는 전혀 다른 사상이라는 것을 이해할 수 있을 것이다.

(1) 자연이야말로 소중한 것이며 꽃과 나무는 자르는 것이 아니다

(2) 꽃은 옥외의 대자연을 만나고서야 진정 살아 있는 것이며 집 안에
   작게 장식하는 것이 아니다

(3) 화초는 집 자체를 꾸미는 것이지 꽃을 꾸미는 것이 아니다


이런 사고방식은 기존의 여러 꽃꽂이 분야에 큰 타격을 줄 수 있으며 자연, 지구환경의 파괴라는 측면에서도 가드닝 사상이 한층 발전적인 것으로 여겨진다. 이미 일본식 꽃가게의 매상이 떨어지고 있다고 한다.

물론 애당초 감상용 꽃가지로 분재를 하는 서구풍의 꽃은 플라워 디자인의 일종으로 앞으로도 발전하겠지만 일본식 꽃꽂이의 전망은 어둡다.

예전에 센노리큐(일본의 다도 창시자)의 영화에서 시대의 권력자 히데요시를 맞이하는 아침, 센노리큐가 정원의 나팔꽃을 모조리 뽑아 내고 단 한송이를 다도실에 꽂는 장면이 있었다. 지금에 와서야 하는 말이지만 그 장면은 예술가라고 하기보다 꽃의 마음, 꽃의 고통을 무시한 자연파괴자에 가깝다고 할 수 있다. 이런 형식의 꽃꽂이는 자연의 소중함에 눈을 뜬 지금의 여성들에게는 맞지 않다.

장사에서도 자연파괴에 가까운 비즈니스는 앞으로 발전하지 못할 것이다. 애완동물을 키우고 가드닝의 즐거움에 빠진 여성들은 바꿔 말하면 자신들도 대자연의 푸르름 속에 살고 있는 것이다. 좀더 극단적으로 나타내면 대자연 속에 사는 사람과(科)의 동물이 되었다고 달리 표현할 수 있다. 이 사람과 (科) 동물 주위의 자연을 파괴하는 비즈니스를 그녀들은 더 이상 허락하지

않는다.

　비록 같은 석조물이라도 콘크리트는 좋아하지 않지만 자연의 석조물이라면 좋아할 것이다. 테마 파크의 사상일지라도 모든 것을 컴퓨터로 움직이는 기계구조의 유원지에서는 사람과(科) 동물에게 뭔가 불안정함을 느끼게 한다. 적어도 폭포가 있고, 정글이 있고, 낮이 있고, 밤의 어둠이 있어야 그곳에 있고 싶어할 것이다.

　가드닝에는 분명 밤의 어둠이 있고 아침 한때가 있지만 꽃꽂이에는 밤의 어둠이 없다. 이 자연화의 체질을 향해 여성들은 놀라운 속도로 향하고 있다. 거기에서 찾게 되는 의의는 클 것이다.

# '단신 상품' 이란 무엇인가?

단신이란 말의 과거 의미는 혼잣몸이 되는 것을 가리켰다. 그러나 지금은 다르다. '단신 혹은 복수(複數)' 라는 말도 있으니 부부이면서도 '이심이체 (二心二體) 단신' 이라는 뜻도 있을 수 있다. 또는 '동거(同居) 단신' 이라는 뜻도 있을 것이다. 말하자면 단신이란 고독한 것이 아니라 1인 가족으로 이해해야 할 것이다. 단신 용품이라고 해서 무엇이든지 한 대, 한 개라는 식의 하나씩을 의미하는 것이 아니며 상품으로써 작으면 좋다는 뜻이 아니다. 1인 가족이란 혼자 있으면서 하나의 살림을 차린 것이기 때문이다.

세탁기도 단신이기에 소형이 좋다고 할 수 없다. 특히 여성은 시트류나 모포류 등 집 밖의 세탁소까지 가지고 가는 것이 귀찮아서 세탁기로 빨 수 있는 거라면 뭐든 빨고 싶어한다. 그렇다면 단신 상품이라 해도 그 나름의 용량이 필요할 것이다.

정확하게 말해 특히 여성의 경우, 순수하게 단신인 경우는 없다. 친구, 애인이 오는 경우가 많아 커피잔도 2개가 기본이다. 그러나 이것은 남자친구가 머물기 위해 왔을 때 필요한 것으로 일반적인 단신 용품과는 다르다. 그렇다면 순수한 의미의 단신(1인 가족) 상품으로 어떠한 것을 원하고 있을까?

(1) 빈 공간 활용형 상품
(2) 겹쳐 사용할 수 있는 상품
(3) 절대 필요 상품
(4) 겸용 상품

이와 반대로 불필요한 것의 전형은 그 품목 이외에 사용할 수 없는 상품들이다. 우선 빈 공간 활용형 상품은 좁은 공간에 사는 1인 가족에게 필수품일 것이다. 이미 많은 상품이 개발되어 있다. 겹쳐 사용할 수 있는 상품은 가구의 일부로 발전하고 있지만 아직 공간 사용법이 연구 중이다. 또 공간과 동시에 벽면의 활용도 생각할 수 있을 것이다.

단신 생활을 하는 사람에게 절대적으로 필요한 상품 중 1위는 인감과 전화이다. 좀 심하지만 이것 이외에는 아무것도 필요 없다. 편의점과 대여점을 활용하면 실제로 아무것도 필요가 없을 정도이다.

내가 일하는 곳에서 장기간 틀어박혀 있었던 적이 있었는데 그때 필요했던 물건이 화장지 이외에는 없었다. 맨션이라면 냉난방이 들어오니 이불도 필요 없을 것이다. 약간 극단적인 예이기는 하지만 이 극한에서 상품 개발을 해 나가지 않으면 이후의 젊은 사람들은 집을 거주지로 여기지 않을 지도 모른다. 지베타리안(귀가하지 않은 채 거리 곳곳에 앉아 있는 사람들을 일컫는 말)의 증가는 거주지의 가치를 낮게 보는 젊은 사람들이 많아 졌기 때문이며 그들은 단순한 유랑자, 방랑자가 아니다.

건물과 가족에게 가치를 두지 않는 새로운 1인 가족의 탄생으로 이해해야 할 것이다.

다음으로 다기능 상품은 집 안이 상품 아이템들로 가득 차지 않도록 하기 위해 중요하다. 좁디 좁은 닭장 같은 집에 일본인만큼 많은 물건을 밀어 넣고 사는 민족은 어디에도 없다. 다른 선진국과 비교해 한 가정 당 3백 아이템 정도가 많다고 한다. 아이템이란 품목을 말하는 것으로 손목시계가 몇 개일지라도 한 개의 아이템으로 친다. 그것이 3백여 가지나 많다는 것은 이상하다고밖에 할 말이 없다.

이 최대의 결함은 일본과 서양이라는 이중구조이기 때문이다. 일본차의 찻잔이 있으면 영국식 홍차 세트가 있고 게다가 커피 메이커에 컵까지 갖추고 있다. 이것이 크게는 이불과 침대에서 작게는 가위와 칼에 이르고 있다. 이런 이유로 혼자 몇 개의 역할을 겸하는 상품이 중요시되었다.

이런 경우 잡지걸이, 와인 선반과 같은 그 품목으로밖에 사용할 수 없는 물건은 최악이다. 다른 목적으로는 아무것도 사용할 수 없기 때문이다. 겸용 상품이란 다목적이며 때로는 사용자가 생각해 낸 역할까지 할 수 있어야 하므로 '목적결정형' 상품만큼 일인 가족에게 곤란한 것도 없다.

# '특수화형' 장사에 전념하자

사람은 상품을 어떤 각도에서 선택할까? 남자는 상품의 좋고 나쁨으로, 여자는 좋아하는지 싫어하는지의 판단으로 선택한다고 한다. 하지만 이 판단의 기준이 될 기초가 없어서는 안 될 것이다.

(1) 세대별
(2) 가정환경별
(3) 취미별
(4) 지역별

실제 이 네 가지의 구별 편성에 의해 판단기준이 정해진다. 20대, 30대, 40대 대가족인지 소가족인지 단신생활자인지, 일본풍인지 서양풍인지, 남성적인 취미인지 여성적인 취미인지, 대도시인지 중소도시인지 작은 촌인지 등등.

그러나 오늘날의 판단 기준으로는 전혀 불충분하게 되었다. 왜냐하면 젊음의 정도나 문화수준의 정도, 게다가 생활 시간대라는 세 가지가 더해졌기 때문이다. 20대인데도 젊음을 잃어버린 사람이 있는가 하면 50대인데도 젊음을 불태우는 중장년층이 있다. 취미별이라고 해도 문화수준 정도의 차이에 따라 전혀 다른 상품을 선택하는 경우도 있고 생활 시간대에 따라 갖고 싶은 상품도 전혀 다르다.

이런 요소 때문에 상점과 상품을 구별하는 폭이 한층 좁아지고 분야별 특수화된 가게와 상품이 떠오르고 있다. 모든 종류의 물건을 구비해 놓고 판매하는 백화점형 장사의 몰락의 시작이다. 단 하나의 물건을 사러 수많은 물건이 있는 백화점에 가는 일도 쓸데없는 짓이다. 아니, 많은 물건을 구비했기 때문에 전체 비용이 올라서 구입하려는 상품의 가격도 덩달아 높아지게 될지도 모른다. 또 많은 물품으로 인해 하나하나 신경을 제대로 쓰지 못하고 소홀해지는 일도 있을 것이다. 그런 가게에서 하나가 되었건 둘이 되었건 자신에게 중요한 물건은 사고 싶지 않다.

또 이런 24시간 사회에서 집으로 귀가하는 시간이 대략 7~8시이다. 아무리 큰 전문점이라 해도 이 시간까지 영업하는 가게가 없다. 통신 판매나 인터넷 상품에는 없는 경우도 있다. 차라리 작은 전문점이라도 시간적으로 특수화하는 것이 훨씬 도움이 된다.

잡지로 치자면 이전에는 건강 잡지라는 장르가 하나의 범주였다. 하지만 지금은 중장년층이라 해도 범위가 넓은 그런 잡지는 선택하지 않는다.

건강을 위한 걷기 전문지, 병에 걸렸을 때의 병원과 약 전문지, 또는 한방

전문지, 안전한 음식, 식료 잡지 등 자신이 궁금해하는 것을 세분화시킨 특수화형 잡지를 사려고 할 것이다.

이런 경향은 당연히 상점, 상품에도 파급효과를 가져온다. 그뿐만이 아니라 4년제 대학이나 전문대학의 학부, 학과에도 큰 영향을 미치고 있다. 이런 현상을 '큰 것이 작은 것에 의해 먹힌다' 는 말로 종합할 수 있다. 큰 신문도 큰 텔레비전 방송사도 전문지에 의해 대 추격을 당하게 될 것이다.

세븐 일레븐이라는 기업과 다이에, 세이유라는 기업은 한눈에도 비슷하게 보이지만 세븐 일레븐은 '소(小) 무수한 소(小)' 방식으로 큰 것을 이룬 것이고, 다이에나 세이유는 근본적으로 다르다. 시대의 추세는 분명히 '특수화' 의 방향으로 흐르고 있다.

# '액체화 현상'은 어디까지 발전하는가?

여성의 몸이 계속 남성화되어 간다는 사실은 누구나 알고 있다. 체질적으로 남자에 가까워지고 있다는 말은 곧 근육질 여성이 늘고 있다는 다른 표현이다. 그러나 체내에서는 수분을 원하고 있기 때문에 현재 페트병을 언제나 휴대하고 다니는 여성의 수는 압도적으로 남자를 능가하고 있다.

물에 오른 물고기 정도는 아니겠지만 수분을 보급하지 않고는 살아 있을 수 없기 때문이다. 이 경향은 이후 점점 심해질 것이다. 왜냐면 이상 고온이 지금보다 한층 증가하기 때문이다.

기상청은 과거 백년 간 도쿄의 기온이 2.9도 상승했다고 발표했다. 그리고 놀랍게도 과거 백년 간 세계의 기온은 0.6도밖에 오르지 않았는데 비해 앞으로 백년 간은 1도에서 3.5도 정도가 높아질 것으로 예상했다. 이대로 가면 도쿄의 기온은 아무리 적게 어림잡아도 이후 백년 간 지금보다 5도 이상 높아지는 것이다.

바꿔 말하면 기온 상품이 폭발적으로 잘 팔릴 수 있다는 뜻이다. 그것은 그렇다 치고, 왜 기온의 상승은 특히 여성을 직접적으로 겨누고 있는 것일까?

본디 여성은 출산 등, 조수간만과 관련이 있어 물과 떼려야 뗄 수 없는 관계이기 때문이다.

기온이 상승하면 당연히 해면 수위가 올라가 아마 도쿄의 아랫동네는 일부 수몰될 지도 모른다. 잘 생각해 보면 물은 점점 우리들의 가장 가까운 존재가 되어 어쩌면 여성들은 해상에 살고 싶어할지도 모른다. 아직은 꿈같은 이야기겠지만 기온의 상승이 남성보다 여성을 직접 겨냥하고 있는 만큼 모든 상품의 액체화 현상을 보다 강화해 갈 것이다.

고체 물질은 신속하게 액체화를 고려해야 할 것이고 따끈따끈해야 제 맛인 것은 차가워져야 맛있다는 말을 들을 정도로 개량해야 할 것이다. 예를 들면 라면의 냉면화 정도될까? 과일 종류도 수분을 듬뿍 함유한 종류를 재배하는 것이 유리하고 수입도 그 방향으로 갈 것이다. 이런 방향을 잘못 잡아서는 안 된다.

의심이 많은 사람은 잠깐 과거를 돌이켜 보면 금방 알 수 있을 것이다. 바야흐로 프랑스 요리는 전멸상태이다. 왜냐하면 추운 나라의 요리이기 때문이다. 도쿄의 대형 호텔에서도 프렌치 레스토랑은 계속해서 이탈리안으로 개선되고 있다.

그렇다면 지금까지의 프랑스 요리의 요리사는 어떻게 되었을까? 직장을 잃었거나 혹은 이탈리안 요리를 수료하러 간 것일까? 실은 아직 이런 영향이 미치지 않은 지방 호텔로 옮겨 갔을 것이다. 그것을 모르는 지방의 유명인은 도쿄에서 온 유명 요리사의 요리를 먹을 수 있게 되었다고 기뻐하고 있지만 머지 않아 이것도 통용되지 않게 될 것이다.

이쯤에서 이탈리아 요리가 언제부터 일본에서 발달했는지 생각해보는 것도 필요할 것이다. 음식의 거리 요코하마에 처음 이탈리안 레스토랑이 생겼던 때가 1945년 이후이다. 스파게티가 파스타와 어울려 불리게 된 것은 불과 최근 5년 간이다. 우리는 의외로 작은 것은 주의하고 큰 변화는 지나쳐버리기도 한다.

액체화 현상이 심해지고 있다 해도 그것이 현실적으로 나타나지 않고는 모르는 법이다. 손정의(일본 기업가)처럼 천재적으로 될 필요까지는 없지만 다른 사람보다 뒤쳐지면 살아남을 확률은 낮아지고 성공의 기회 또한 적어진다.

# '신체 상품' 시대는 반드시 온다

기온이 올라가면 알몸으로 살아가는 것 이외에 다른 방법이 없다. 이미 한 겨울에도 노슬리브라는 새로운 여성 패션이 등장하기 시작했다. 이만큼 자명한 이치는 없다. 그럼에도 불구하고 두껍게 덮는 방식을 하나의 산업으로 출범하려는 사람도 있다. 물론 '청개구리 방식' 처럼 인기가 좋을 때는 되팔고 인기가 나쁠 때는 사들이는 것이 나쁘지만은 않다.

그렇지만 앞으로 신체 상품 시장이 확대될 것이라는 방향성만큼은 알아두는 것이 최소한 실패하는 것은 막아줄 것이다. 신체 상품 시장이란 단순히 신체에 걸치는 상품을 말하는 것이 아니라, '줄이고 없애기' 를 말한다. 좀 더 간단하게 말하면 '몸 하나로 생활할 수 있다' 는 간단한 생활 시대가 왔다는 것이다.

이상하게 들리겠지만 웃옷을 입고 나서 브로치를 해야 하는데 만약 몸 하나로 괜찮다면 귀걸이, 목걸이, 반지, 시계는 필요하겠지만 브로치는 불필요해진다.

샐러리맨에게 넥타이는 필수품이지만 가령 샐러리맨이 아니라면 넥타이는 불필요한 액세서리일 뿐이다. 집을 사면 가구를 비롯한 주거용품이 필요하나 처음부터 집을 놀이 공간이라고 생각하면 생활한다기보다 놀이 공간이 되어 가구 같은 것은 그다지 필요하지 않게 된다.

다른 표현을 빌리자면 자신의 신체만 갈고 닦으면 그것으로 충분하고 오히려 자신을 빛내게 하는 것 이외에 여분의 것은 불필요하다는 뜻이다.

이것이 캐쥬얼 사상으로 다이어트 사상에서부터 피로회복, 치유사상으로 연결된다. 그러므로 고교생 때부터 헤어케어에 신경 쓰는 것과 동시에 액세서리, 화장, 속옷, 신발 등에 민감해진다. 중장년이 되면 해외여행, 그 중에서도 배를 이용한 장기간 크루징 여행을 하게 되는데 이 또한 넓은 의미에서 신체 상품 시장이라고 할 수 있다.

진부한 사고방식으로는 왜 여행으로 반년, 1년에 걸쳐 집을 비워두는 것인지 그 이유를 대기란 어렵다. 그것도 여행에 큰돈이 필요하고 귀국하고 난 후 생활비를 걱정하게 되는데 말이다. 그런데 '줄이고 없애기' 이론에 의하면 이런 것은 걱정할 필요가 없다. 이 이론은 큰돈을 지출하더라도 과거는 깨끗이 잊고 몸 하나로 새롭게 생활해 나가는 것인 만큼 이보다 훌륭하게 시간을 보내는 방법도 없다.

젊은 사람의 사고방식이 남자는 신체가 빛을 발할 때 가꾸고 여자는 육체에 매력이 있을 때 자신의 나체를 드러내고 싶어하는 것이라면 육체가 망가지기 전에 정사를 즐기겠다는 것이 중년 여성의 사고 방식이다. 그리고 건강할 때 해외 여행을 즐기겠다는 것이 중장년층의 사상이라고 이해한다면 신체 상품시대의 전성기가 도래할 것이라는 의미를 이해할 수 있을 것이다.

고도 성장사회는 두뇌의 시대로 머리가 좋은 사람들이 밀집하게 된다. 고학력 시대라는 흐름을 타고 여성들의 학력도 높아지고 있지만 모두가 고학력이라면 앞으로는 머리보다 신체가 도움이 되는 시대가 도래할 것이다.

우리는 신체를 사용하는 것을 잊고 비즈니스로써 신체가 상품이 된다는 사실도 잊고 있었다. 그러므로 이 신체를 성적으로 사로잡는 것도, 건강 분야의 표적으로 삼는 것도, 나아가 패션 분야에서 활용하는 것도 가능하다. 이익을 얻고 싶다면 가능한 빨리 뛰어드는 것이 좋을 것이다.

# 불안보다는 안심을 팔아라

결혼한 친구로부터 부부사이가 삐걱거린다는 내용의 전화가 걸려왔다.

"나, 헤어지는 게 좋을까?"

"아직 계속 고민 중이니? 남자란 다 바람둥이야."

이 예는 일종의 '불안을 부채질하는' 화법이다. 그러나 이것으로 그 친구가 진짜로 헤어지느냐 하면 절대 그렇지 않다. 결론부터 말하자면 상담기간은 아직 정보수집 기간으로 마음대로 행동에 나설 수 없기 때문이다.

그런데 "이제 안 되겠어. 끝이야." 라고 말해 올 때는 "그래, 그럼 드디어 이혼이네. 괜찮을까? 혼자서 생활하는 거 힘들지도 몰라." 하고 불안감을 더욱 가중시키는 말을 하면 그녀는 "어쩜 넌 그렇게 매정하니?" 하며 생각지도 않은 원망을 사게 될 수도 있다.

이런 때일수록 "다시 한번 생각해봐. 그래도 안 되겠다면 나도 너를 응원할게. 도움이 필요한 일이 있으면 언제든지 말해 줘."

조금이라도 안심시킬 수 있는 말을 해주고 마음을 가라앉혀 줄 필요가 있다. 이것은 약국에서의 고객과의 대화에서도 마찬가지다. 건강보조약품을

사러 온 고객에게는 불안을 부채질하는 화법이 통하지만 고열로 해열제를 사러 온 고객에게는,

"그렇게 간단히 열이 내리지는 않습니다. 그보다 다른 증상이 걱정이네요." 등의 불안을 부채질하는 말을 하게 되면 그날 밤 그 고객은 잠을 이룰 수 없게 될 것이다. '경우에 따라서' 인 것은 잘 알고 있겠지만 지금의 시대를 돌이켜 생각해 보면 모든 것이 나쁜 방향을 가리키고 있다. 세계 곳곳에서 대지진, 허리케인, 폭우, 고온과 휴화산의 활화산화 같은 위험한 징후를 보이고 있다.

국가단위 별로도 민족분쟁이 점차 다발적으로 일어나고 있고 각 민족이 다른 나라로 분산 이주함에 따라 그 나라 국민들의 불안도 커지고 있다. 경제적인 측면에서도 인구수나 고령화 등으로 일본의 지표(指標)는 둔화되고 있다.

이러한 사회에서는 '불안을 파는 것보다 안심을 판다' 는 것을 대국적인 견지로 삼는 자세가 기업의 장래를 발전시키는 방법이다.

생명보험, 손해보험의 CM도 위험과 불안을 파는 시대가 아니다. 예를 들어 가도산업의 SECOM에서는 나가시마 감독의 밝은 모습을 팔고 있는데 그의 표정이 안도감을 느끼게 하여 불안감을 가지는 시청자는 없다.

은행 경영자가 신입사원에게 '우리 회사는 불안요소가 없습니다' 는 내용의 연설을 했다고 하자. 사회적인 불안이 털끝만큼도 없는 시대라면 이 한마디로 충분하지만, 지금은 '불안이 없다고 강조하는 것은 역시 뒤에 뭔가 숨기고 있기 때문이다' 라고 오히려 나쁜 쪽으로 받아들여질 수 있는 세상이다.

따라서 그런 말보다는 안도감을 심어줄 수 있는 구체적인 계획 발표에 신입사원은 훨씬 안심할 것이다.

이 방법은 상품개발과 상품명을 붙이는 방법에도 응용할 수 있고 하찮다고 여겨지는 문구에도 사용할 수 있다. 지금 내가 생각하는 '안심' 이라는 건강잡지의 이름은, 중장년층에게 그야말로 '편안한 마음' 을 가져다 주고 있다. 그리고 이런 스타일의 이름이 미래의 경향이 될 것이다.

최근 ASKUL이라는 회사명을 가진 저렴한 즉배회사가 있는데 주문하면 다음날 바로 즉시 배달해 준다. 즉, '내일 온다(明日來る: 아스쿠르)' 는 의미의 단어를 사명화한 것인데 고객에게 안도감을 느끼게 하는 훌륭한 회사명이다. 이러한 사회의 욕구를 선취하는 방향을 비즈니스 차원에서 찾아내 가자.

# 하루에 한 번씩 특매전략을 세워라

1991년 프로야구 퍼시픽 리그의 다이에 호크스가 우승을 하여 일본시리즈를 제패했다. 이때 다이에는 본사 및 관련기업을 포함해 1천억 엔 상당의 매상을 올렸다고 한다. 얼마나 소비자가 특매에 관심을 가지고 있는지 알 수 있을 것이다. 대중은 항상 '움직임'을 가지고 있다. 이 '움직임'이란,

(1) 사회적인 큰 움직임
(2) 타이밍
(3) 격렬한 움직임

이 세 가지를 가리킨다. 프로야구의 우승은 사회적인 움직임으로 후쿠오카를 중심으로 한 다이에의 특매에 그치지 않고, 일본 전국적으로 퍼져나가 이 움직임이 화제가 되었다. 그 증거로 다이에와 같은 상품판매를 하는 모회사(母會社)가 없어도 센트럴 리그의 주니치 드래곤즈의 우승은 주쿄(中京)권 전체에 좋은 영향을 주었다.

다음으로 '타이밍'의 기회는 좀처럼 드물다.

고객이 줄었다고 생각될 때, 그 타이밍에 맞춰 '매일 오전 10시 세일'이라는 방법도 있고 '하루에 한 번 세일'이라는 방법도 있다.

또는 텔레비전의 재미있는 프로그램도 즉매에 도움이 된다. 예전에 니혼 TV의 '오모잇끼리 TV'라는 프로그램에서 미노몬타(사회자)가 소개한 식품이 날개 돋친 듯 팔린 적이 있는데, 최근에는 후지 TV의 '아루아루 대사전'이 그것을 대신하고 있다고 한다.

'유행은 한 명의 탤런트에 의해 만들어진다'는 말이 있듯이 현재 주목 받고 있는 탤런트(특히 젊은 여자 탤런트)의 헤어스타일에서부터 유행소품, 패션을 관찰하고 있노라면 유행의 흐름이 한눈에 보인다. 이 타이밍을 겨냥해서 같은 상품을 팔기 시작하거나, 헤어스타일을 연구하는 것도 좋다. 그런 의미에서 드라마에서 버라이어티에 이르기까지 프로그램은 정보의 보물창고라 해도 좋다. 한가지 더, 대중은 격렬한 움직임에 강한 반응을 나타내는 특징을 갖고 있다. 축제가 그 대표라고 할 수 있다. 오사카 키시와다(岸和田) 시의 축제에서 여러 사람이 수레를 끌 때의 격렬한 움직임은 과히 일본 제일이라고 일컬어질 정도로 이것을 보기 위해 매년 수많은 관객이 쇄도한다. 춤 또한 격렬할수록 관중이 몰리는데 브라질의 리오 카니발이 그렇고, 일본 도쿠시마의 아와오도리가 그렇다.

최근에는 젊은이들의 거리 댄스가 대단한 인기를 모으고 있는데 당시 아무로 나미에(일본 최고의 여자 연예인)의 남편이자 댄서인 SAM은 이미 아내인 아무로 나미에의 인기를 능가했다. 이런 경향은 가게 내에 흐르는 BGM과도 큰 관계가 있고 가게의 축제, 페스티발 행사를 할 때도 잊어서는 안 된다.

음악방송이 텔레비전에서 사라진 이유는 단순히 노래만 있고 격렬한 동작이 없었기 때문이다. 그리고 장사가 잘 되는 점포도 분명 이런 경향을 반영시켜 새로운 상품을 연달아 바꿔 사람들의 움직임을 끌어냄과 동시에 점원의 걸음걸이, 움직임에도 스피드를 내고 있다.

케이크 가게에서도 매일 진열장 가운데 상품을 바꾸고 '하루에 한 번 세일' 을 하는 등, 어지러울 정도로 즉시 즉시 바꿔주지 않으면 안 된다. 언제 까지고 같은 물건이 진열되어 있는 죽은 듯한 가게 분위기로는 요즘 세상의 움직임을 따라 갈 수 없다.

# 스스로 상품을 만들고 싶어하는 여성들

최근 프로와 아마추어의 차이가 좁혀지고 있다. 장기나 바둑과 같은 실력의 차이가 확연한 종류도 있지만, 프로야구 자이언트의 우에하라, 니시무라의 마츠사카 두 투수의 활약은 사실은 야구에서도 아마추어의 기량이 프로에 가까워지고 있고 아마추어라고 해서 우습게 볼 수 없는 상황이 되었음을 나타낸다. 특히 여성에게는 가사일과 요리에 대해 프로라 할 만큼의 실력을 가진 사람이 많고 때로는 반찬 가게의 반찬보다 맛있는 경우도 있다. 이렇듯 실력의 차이가 현저하게 좁혀진 이유는 무엇일까?

요즘 전문점 등의 상품은 대부분 기계로 만들어지고 더 이상은 수고를 들이지 않는다. 수고란 인간의 노력이 들어간 것으로, 노력 시간을 의미한다. 즉, 사람이 그것에 들이는 노력과 시간을 가리키는 말로 아마추어는 그런 노력과 시간을 아끼지 않는 만큼 맛있는 것을 만들어 내는 것이다.

여성들이 스스로 상품을 만들고 싶어하는 비전문가 시대가 도래했다.

수고를 들이면 보다 맛있는 상품, 보다 좋은 상품이 탄생되어 어설프게 만든 프로의 것보다 품질이 좋다.

잡지 편집에서도 아마추어 동인지의 잡지가 있는데 꽤 재미있다. 그것은 전문가보다 수고와 시간을 아끼지 않았기 때문에 무시하고 넘어갈 수 있는 것이 아니다. 그렇다면 왜 전문가, 프로라고 불리는 사람의 상품의 질이 떨어지기 시작하는가? 바로 그 일에 너무 익숙해져버렸기 때문이다.

사람은 누구나 뭔가 매일 하나씩 만들어 가다 보면 프로급 실력이 될 수 있다. 그런데 어느 한계에 다다르면 매일 같은 것밖에 만들 수 없게 되고 그 시점에서 한계가 오는 것이다. 이것을 '한계 체감의 법칙'이라고 하며 말하자면 너무 익숙해진 나머지 일정하게는 만들어 낼 수 있지만, 그 이상의 것을 만들고자 하는 열의가 사라져 버리는 것이다.

열의가 금방 식어버리는 사람은 주로 남자들이다. 여자는 차분하고 성미가 느긋하기 때문에 금방 열의가 식거나 하지 않는다. 이제까지 남자가 만들고 있던 것을 여성이 대신하면 놀라울 만큼 신선미가 느껴지는 것들이 적지 않다. 잡지에서도 요즘은 여성편집장의 활약이 크게 두드러진다.

또 남자와 여자를 비교했을 때 남자 쪽이 압도적으로 고객이 될 확률이 높다. 스시가게에서 소규모 요리점에 이르기까지 남자는 십 년을 매일 같이 같은 곳에 다닌다. 이것은 남자가 더 고정관념(스테레오 타입)을 갖기 쉬운 성격이라는 것을 나타낸다. 그와 동시에 보수적인 경향이 강하다는 것도 알 수 있다.

지금까지는 남성 중심 사회였기 때문에 이런 스시가게, 소규모 요리점이 운영되는 것이 가능하지만, 앞으로는 그렇지 않다. 십 년을 매일 같이 다닐 여자 고객은 없기 때문이다. 회전 스시가 유행한 것은 아마 이런 이유 때문일 것이다.

마침내 직접 상품을 만들고 싶어하는 여성이 나설 차례가 온 것이다. 굳이 음식가게뿐만 아니라, 꽃집에서도, 패션 부띠끄에서도 여성의 능력을 발휘할 수 있는 장사라면 비전문가라도, 아니 비전문가이기 때문에 정성들여 물건을 만들어 낼 수 있는 것이다.

앞으로 발전해 갈 만한 장사 중에 '프리 마켓'이 있다. 최근에는 이런 프리마켓 컨설턴트까지 출현했는데 대개 여성의 노점 쪽 일이 잘 된다. 지금까지는 단순히 안 쓰는 물건을 노천시장에 내다 파는 정도였지만 앞으로는 다르다. 새로운 무점포 판매 마켓 시대가 열릴 것이다.

그리고 충분히 장사도 잘 된다. 특히 이런 종류의 세일즈에서는 여성이 만든 오리지널 상품이 고객의 눈길을 끄는 만큼 정보의 장으로서도 가치가 크다. 지금까지와 같은 프로가 만든 상품 일변도에서 아마추어가 만든 상품으로 눈길을 전환하는 것도 필요하게 되었다.

도자기를 여자 고객으로 하여금 만들게 하듯이 빵을 굽게 하거나, 캐릭터를 만들게 할 수도 있다. 혹은 전골요리 같은 간단한 요리는 고객에게 만들게 하여 이쪽의 일을 줄이는 방법도 있다. 가능한 '스스로 만들고 싶다'는 여성들의 마음을 만족시키면 된다. 잡지에서도 독자의 투고 페이지는 저렴한 비용으로 즐길 수 있는 페이지가 되었다.

# 물건수가 적은 가게는 고객도 적다

가게를 망하게 하기란 정말 간단하다. 가게를 고상하게 하면 된다. 인간은 장소와 시간에 따라, 그 성향이 크게 바뀐다. 대학의 교수라도 하루 종일 어디에서나 교수의 얼굴을 하고 있는 것은 아니다.

예전에 고베의 A소년 사건이 있었다. 어린아이를 살해하고 사카키바라(酒鬼薔薇)라는 이름으로 편지를 써서 매스컴에 돌린 소년이 있었는데 이 소년이 다니고 있던 중학교의 교장이 그 사건이 한창일 때, 스트립 극장에 출입했다가 비난 받은 일이 있었다.

하지만 잘 생각해 보면 교장도 학교 문 밖에서는 개인적으로 자유롭게 술을 마시러 갈 수 있는 일이다. 특히 아는 사람이 없는 장소에서는 전혀 지성을 느낄 수 없는 행동조차 한다. 이 점을 포인트로, 예를 들어 도쿄의 긴자, 아카사카의 일류 가게라면 누구나 고상해지겠지만, 자신이 살고 있는 민영철도가 다니는 작은 마을에서는 고상함이란 어울리지 않는 법이다.

즉 미용실이나 패션 부띠끄 에서 긴자, 아카사카의 흉내를 내어 고급스럽게 했다고 해도 잘 되지 않는다는 말이다. 내가 사는 작은 마을에서도 어느 남성 미용실(말이 미용실이지 이용원이다)에서는 고객이 없을 때는 종업원이 직립부동의 자세로 서서 기다린다.

고객이 들어오면 일제히 '어서 오십시오' 하고 머리를 숙인다.

과연 이런 서비스가 이런 작은 마을의 미용실에 필요한 것인지 돌이켜보게 하는데 지나친 고상함은 되려 고객을 잃게 하는 것이 분명하다.

특이하게도 일본에서는 고상하면 고상할수록 가게 내 상품 수를 적게 비치한다. 부띠끄가 그 대표적인 예라 할 수 있는데, 넓은 공간에 드문드문 멋을 낸 옷이 장식되어 있을 뿐, 그것에 손을 대면 그 후에 점원이 다시 고치고 정리를 한다.

이런 가게가 번창할 리 없다. 서비스의 기본은 물건의 다양함이고 문제는 그 인테리어에 있다. 할인점처럼 산더미처럼 쌓는 방법도 있지만, 물건수를 많이 하면서 고상함을 유지할 수도 있다. 요즘 파리와 밀라노에 가면 고급 브랜드 매장에서도 많은 상품을 볼 수 있다.

물론 가게 매출 이외에 다른 사업에 힘을 기울이고 있는 상점이라면 상관없겠지만 고객이 얼마나 오고, 얼마나 팔리는가를 신경써야 하는 장사에서, 일부러 고객의 발길을 막고 있는 부띠끄나 브랜드 숍은 살아남기 힘들다.

'돈키호테' 의 상품진열 방식은 독특한데 이것은 사장의 방침으로써 '찾을 수 있으면 찾아 봐라' 는 식으로 고객 앞에 산더미 같은 상품을 푸는 방식이다. 이것은 고상하다, 고상하지 않다고 말하는 기존의 감각이 아닌, 추리하기를 좋아하는 세대에게 찾아내는 즐거움을 주었다는 점에서 새롭다.

100엔 숍의 '다이소' 도, 완구 가게의 '토이자라스' 도 마찬가지로 찾아내는 즐거움을 주는 진열 방식을 택했는데 어느 쪽이나 상품 양이 많은 점이 고객의 발길을 잡아끄는 요소이다.

과거 백화점이 이런 타입이었기 때문에 하루 종일이라도 즐길 수 있었다고 생각한다. 5분은커녕 기껏해야 1, 2분을 봤는데도 더 이상 볼 상품이 없다면 그 가게는 잘될 리가 없다.

# 새로운 상품도 6, 7년이면 소멸된다

　미국 소매업의 수명은 놀랄 만큼 짧다. 어떤 컨셉트를 도입한 기업의 성장률이 절정에 달하려면 1960년대라면 12년 걸렸던 것이, 점점 단축되어 70년대에는 5.3년 그리고 90년대가 되면서 불과 4.5년밖에 걸리지 않게 되었다.

　간단히 말해 성숙상품, 성숙기업이 될 때까지 4년하고 조금 더 걸린다는 것이다. 이는 오늘은 무명이더라도 내일은 유명해질 수 있다는 계산이 된다. 그런데 절정에 달하는 것이 빠르면 빠를수록 쇠퇴하는 것도 빠르다는 것은 자명한 사실이고 이에 따라 침몰 기업도 점점 늘어나게 된다. 마치 탤런트와 같다.

　이 계산이라면 이미 와인 붐은 고개를 넘어서고 있고 이후로는 쇠퇴의 길을 걷게 될 것이다. 가령 지금부터 와인바(bar)를 만들려고 하는 사람은 틀림없이 실패하게 될 것이다. 그러나 이것은 미국 소매업의 상황이고 일본의 이야기는 아니다. 하지만 일반적으로 미국의 수학은 일본에서도 마찬가지의 결과를 낳는 경우가 비일비재한 만큼 충분히 주의하는 것이 좋을 것이다.

　예를 들어 요즘 100엔 숍이 우후죽순처럼 어느 거리에나 생기고 있다. 마케팅을 잘한 후에 가게를 개축, 개조하는 거라면 상관 없겠지만 '100엔 숍이 좋을 것 같다'는 감만으로 발을 담그는 것이라면 7년 안에 사라질 위험을 맞이할 것이다. 새로운 컨셉트의 상품, 상점의 수명이 왜 이렇게까지 짧아졌는지에 대해서는 제각기 이유가 있다.

(1) 지금의 소비자, 특히 젊은 소비자가 싫증을 느끼게 되는 기간이 빨라졌다
(2) 새로운 아이디어, 컨셉트가 연이어 나오는 회사 구조가 되었다
(3) 예전에는 10대, 20대, 30대로 지칭했던 10년 주기가 최근에는 5년 주기로 단축되었다
(4) 정보화 사회란 새로운 것이 눈 깜짝할 사이에 옛것이 되는 사회이다

우선 (1)의 젊은 소비자는 상품만이 아닌, 모든 것에 싫증을 잘 느낀다. 이혼도 결혼하고 4년째가 되었을 때 가장 많듯이 일에서도, 연애에서도 간단히 모든 것을 바꿔버린다. 일설에는 어른으로 들어서는 기간인 '중학 3년, 고교 3년, 대학 4년'이라는 단기구조가 싫증을 잘 내는 성격을 만들었다는 주장이 제기되듯이 확실히 그 때마다 친구도 바뀌고, 환경도 대폭 변화하는 등 꽤 설득력 있는 설이다.

(2)의 새로운 아이디가 샘솟는 사회구조가 되었다는 것은 컴퓨터 발달에 의해 새로운 상품이 수도 없이 등장하게 된 것을 의미하며 소비자가 한군데의 가게에만 멈춰 서 있을 수 없는 상태가 되어버렸다. 다른 표현을 빌리면

갖고 싶은 상품이 있어도 그 상품을 찾을 수 없게 되고 손에 넣을 수 없는 상태가 된 것이다.

(3)은 '십 년이면 옛날'이라는 말대로 십 년 주기가 5년 단위가 되어 버렸다. '주간신조(週刊新潮)'라는 잡지는 오랫동안 부진했었는데 요즘 들어 상태가 좋아지고 있다. '저 사람은 지금', '그 사건은 어떻게 되었다'라는 가까운 과거의 정보를 대량으로 기사화한 후 상승세를 타기 시작한 것이다.

그리고 (4)의 정보화 사회에서는 새로운 것, 유행상품이 금방 옛 것이 되어 '지금 유행 중'이라는 판매방식이 굉장히 어려워지고 있다. 자칫하면 불량재고를 대량으로 떠맡게 되기 때문이다. 정보화 사회가 된 이후 물건을 싸게 파는 가게는 행운을 맞이했다고 할 수 있다. 어쨌든 유행에 뒤늦게 편승한 물건이 어느 기업에나 대량으로 재고되어 있기 때문이다. 이것이 100엔 숍을 등장하게 한 원동력이 되었다.

앞으로 장사를 재검토할 때 가장 중요시 해야할 점은 유행에 뒤늦게 편승해서 재고를 늘리지 않도록 하는 것이다. 나아가 유행을 따르지 않던가, 유행을 따른다면 조금도 손해를 입지 않게 하는 것이다. 명심할 것은 지금보다 유행의 스피드가 더 빨라져 이익을 보는 사람보다는 손해를 보는 사람들이 더 늘어난다는 현실이다. 오히려 오래된 것이 좋다.

# 성공하는 사람은 과연 무엇을 했을까?

장사든 기업에서의 출세든 열이면 열 모두 성공하는 것은 아니다. 성공하는 자는 극히 소수이다. 흔히 전 세계의 부는 20%의 사람이 그 80%를 쥐고 나머지 20%의 부에 80%의 사람들이 몰려 있다고 한다. 쉽게 말해 여기에 백 명의 사람이 있고 백 억의 부가 있다고 가정하면 20%의 사람만이 80억을 거머쥐게 된다는 것이니까 한 명에 4억 엔이 할당된다.

그에 비해 80%의 사람이 20억에 몰리게 되면 한 명당 2천 5백만 엔 즉, 성공자와 비성공자의 차이는 16 대 1의 비율이 되는 셈이다. 이것이 인생의 비정한 원칙이다. 이 정도까지는 아니라 해도 4명 중에 3명은 현상유지나 실패를 한다는 견해도 있다.

이 또한 예를 든다면 백 명의 사람이 어느 한 사람의 강연을 들었다고 하자. 우선 100명 중 50명은 적당히 듣고 흘려버리던가 반은 졸고 있을 것이다. 그러나 나머지 50명은 열심히 듣고, 또한 메모를 남기지만 강연장을 나올 때에는,

'나와는 맞지 않는 이야기군'

'너무 파격적인 내용이라 나에겐 무리야'

라고 생각하는 사람이 나오고 한 달만 시험해 보고 그만둬 버리는 사람이 25명에 달한다고 한다. 결국 남은 25명, 즉 4분의 1이 강연에 의해 얼마간의 플러스를 얻게 된다.

대략적인 계산이지만 건강에 관한 것이라면, 거의 이와 비슷한 비율로 습관화한다고 한다. 일찍 일어나는 것이 좋다, 산책을 하자, 일주일에 한번은 술을 마시지 않는다, 금연을 한다, 등은 백이면 25명이 지키고 있다는 것이다.

이 사실은 장사를 하는 사람에게 있어 굉장히 중요하다. 예를 들어 뭔가 새로운 것을 시작할 경우, 가게 앞을 지나가는 100명 중 25명의 사람이 흥미를 가져 줄 가능성이 있기 때문이다. 이 숫자는 터무니없이 크다.

상점가를 걷고 있으면 10여 채의 가게가 쭉 늘어서 있는데 그 중 2.5채는 옛날부터 이어져온 업종이 아니라, 새로운 장사를 하는 가게로 본다면 대충 현황에 맞다.

이에 비해 새로운 업종이 세 채 이상 들어선 상점가는 혁신자가 많은 지역으로 생각할 수 있을 것이다. 도쿄의 시부야와 하라쥬쿠에는 우라시부야, 우라하라쥬쿠라고 하는 젊은 사람들을 대상으로 한 점포가 줄지어 있는데 여기에서 성공하기 위해서는 그 지역의 인구 동태를 경영자가 얼마나 자세히 알고 있는가에 달려 있다고 할 수 있다.

반대로 열 채 중 한곳도 새로운 업종이 없는 지역이라면 성공은 어렵다. 옛날부터 '아니 땐 굴뚝에 연기 나랴' 라는 비유가 있는데, 이것은 소문만의 문제가 아니다. 오히려 장사의 큰 원칙이 된다.

간단히 예를 들면 '절약' 이라는 사훈을 가진 기업에서 신제품은 절대 발전하지 않는다고 한다. 신제품은 만들고 팔릴 때까지 생돈이 빠져나가고, 절약 정신에도 위반되는 만큼, 신제품을 만들려고 하는 기세(장작불)가 처음부터 사라져 버린다. 그러나 '절약, 용기, 대담' 이라는 사훈을 가진 기업이라면 반드시 움직임(연기)이 일어났을 것이다.

혹시 100명 중에 30명, 또는 25명 중에 들어가고 싶다, 아니 절대 들어가고 싶다면 우선 이제까지의 생활 태도를 4분의 1만 바꿔보라.

밤 10시에 자고 6시에 일어나는 습관이 있다면 밤 12시로 수면시간을 바꿔 6시간만 수면하고 나머지 2시간을 텔레비전을 보거나 다른 일을 해서 새로운 정보를 얻는 것이다. 또는 10만 엔을 매달 술값으로 사용하는 사람은 2만 엔을 술값 이외의 정보료로 사용하는 것이다. 또 10번 부인과 성관계를 갖는 남자라면 남은 2번을 다른 여자에게 할애하라. 군이 성관계를 가지라는 말이 절대 아니다. 부인과의 대화에서는 언제나 고정된 생각밖에 나오지 않지만, 다른 여성과의 대화는 신선한 이야기를 들을 수 있는 통로이기 때문이다.

# 왜 수염이 중요한 것인가


중년의 상점 주인만큼 지저분한 사람도 없다. 아침에 일어나 입도 헹구지 않고 수염도 깍지 않은 채 대충 머리만 정리하고 가게에 나온 것은 아닐까 생각될 정도로 불결해 보이는 남자들이 상당히 많다. 그렇다면 차라리 수염을 깍지 않고 더 길러 보면 어떨까?

텔레비전 채널을 무작위로 틀어보자. 여성들에게 인기 있는 남자의 얼굴에 예상외로 수염을 기른 남자들이 많다는 것을 알 수 있을 것이다. 탤런트인 테리 이토우, 아무로 나미에의 남편이었던 댄서 SAM, 이탈리아 페루자의 나카타 히데토시, 프로 야구에서도 쥬니치의 세키가와 선수 등등 헤아릴 수 없을 정도이다.

이해가 되지 않겠지만 옛날에는 고객을 맞이하는 입장에 있는 사람만 수염을 길렀다. 그것은 상위자만이 수염을 기를 수 있었기 때문이다. 턱에 기르는 턱수염은 그 세계의 주인이었던 남자만이 할 수 없도록 정해진 것이었고 코 밑에 기르는 콧수염은 신사의 상징이었다.

하지만 잘 살펴보면 요즘의 수염은 그냥 깍지 않아서 자랐다고 할 수밖에 없을 정도로 코 밑과 턱에 제멋대로 자란 듯한 수염이 주류를 이루고 있다. 이것은 분명히 패션의 하나이고 조금 어렵게 말하면 기존의 규범 속에 머물러 있지 않으려는 심리를 표현하고 있다.

기업 내에서만 적용되는 논리는 싫다, 자신의 능력으로 승부하고 싶다, 상식 안에 완전히 갇혀 있는 인간은 되기 싫다는 사인을 이런 수염으로 나타내고 있는 것이다. 그렇다면 예능, 매스컴, 패션, 미용, CD · 비디오, 컴퓨터 숍, 음식업 등에 종사하는 남자들은 오히려 적극적으로 수염을 기르는 것이 고객의 사상과 딱 맞는 것이 아닐까?

그 모습은 남자 고객뿐만 아니라, 그 지향의 여성들을 만족시키기도 한다. 실제로 최근의 남녀는 주종관계, 상하관계를 굉장히 싫어한다. 일설에는 지베타리안 세대(귀가하지 않은 채, 거리의 여기저기 앉아 있는 것을 즐기는 세대)의 증가는 기업과 집 안의 그러한 관계를 싫어해서 라고도 할 수 있고, 그것이 또 상하관계가 되지 않는 원탁 테이블이 있는 음식점을 번성시키고 있다.

음식점 중에는 아직 이런 젊은 사람들의 사상을 미처 깨닫지 못한 디자이너에 의해 윗자리와 아랫자리로 나뉘어진 테이블과 의자를 비치한 점포가 있는데 아마도 그들이 겨냥하고 있던 고객층은 들어오지 않을 것이다. 그들은 언제나 동등한 테이블을 요구해 왔다. 비록 남자와 여자라고 해도 남자가 상위라고는 할 수 없기 때문이다.

이 사상은 당연히 가게 대 고객의 관계에서도 마찬가지이다. 점원이 깊숙이 허리를 낮춰 서비스할 상대는 상식의 범위에 있는 남자와 여자이고 상하관계를 강하게 의식하고 있는 사람들이다. 그리고 이들 고객층은 누가 어떻게 수염을 길렀든 절대 허용하지 않을 것이다.

하지만 고객 측이 주종, 상하관계를 버리고 있다면 이야기는 달라진다.

가게의 분위기와 함께 가게 주인과 점원이 자신들과 사상이 같다는 것의 증명으로써 단지 수염을 깎지 않는 것이라면 대단히 반기게 된다. 이런 상식의 전환이 필요해진 것이다.

덧붙여 유명 레스토랑의 요리사나 쏘믈리에 중에는 덥수룩하게 수염을 기른 타입이 많은데, 자신이 업계의 유명인(업계의 최고)이라는 당당함의 표시일 수 있으며 고객 역시 그렇게 느끼는 경우가 많다. 그런 거물에게 서비스를 받는다는 만족을 고객들에게 전달할 수 있으니 이 방법도 잊어서는 안 될 것이다.

# 당신 가게에 상품 외에 이점이 있는가

프랑스 최대, 아니 세계 최대의 화장, 향수 전문점 세포라가 미국으로 진출한 후 다음 타깃으로 일본을 선택하고 우선 제 1호점을 긴자로 골랐다. 계속해서 몇 개의 점포도 전개할 예정이다. 이 가게의 이점은 도대체 어디에 있는 것일까?

우선 세계의 화장품과 향수가 한곳에 모여 있어 여자 고객이 백화점을 돌지 않아도 된다는 점이다. 이제까지의 외국 자본 계열의 브랜드는 백화점 별로 입점해 있거나 그렇지 않기도 하여 귀찮았는데 이곳에서는 거의 모든 것을 망라한 만큼, 여성 고객은 이 대단한 이점을 누릴 수가 있다.

하지만 그러한 구체적인 장점 이외에 이 가게는 고객의 눈이 휘둥그레질 정도로 호화롭게 상품을 장식하고 있다. 사람들은 대부분 이점이라고 하면 금방 '우수한 상품'을 제공하는 것을 생각해 버린다. 하지만 상점이 아무리 좋은 물건을 제공한다 해도 그것은 대부분 메이커의 우수성에 돌아가는 것이고, 상점은 단지 진열을 해놓는 곳인 만큼 물건을 판매하는 것에 지나지 않는다.

'우리에게는 좋은 상품이 진열되어 있다' 고 가슴을 펴도 몇십 미터 앞의 동업점도 같은 상품을 진열하고 있는 것이다. 그런데 레스토랑 같은 요식업에서는 가공이라는 공정이 더해지기 때문에, 미각의 차이로 승부가 나뉘기 때문에 그 가게의 주인과 요리사는 다른 가게에 지지 않을 힘과 지혜를 갖춰야 한다.

즉, 단순한 판매점은 누구나 다 할 수 있다. 머리를 사용할 필요도 없으니 이 사람 저 사람 다 할 수 있는 것이다. 이런 가게가 잘될 리 없고 망하는 것은 필연일지도 모른다.

그런데 세포라는 판매점이면서도 고객들에게 마법의 쇼라고도 할 수 있는 장식 기술을 보여 주었다. 한 순간 여기가 화장품 매장이라는 것을 잊을 수 있을 정도이다. 다시 말해 이 가게는 상품의 이점이 아닌, 데코레이션의 훌륭함을 여성 고객에게 제공하고 있는 것이다.

이제까지는 완구회사인 토이자라스를 정점으로 한 대량 재고점이 각광 받는 존재였다. 이 소형화가 마츠키요와 돈키호테(종합 할인 마켓)였다. 세븐 일레븐도 이 안에 해당될지도 모르겠다. BOOK OFF도 포함시킬 수 있다. 이들 점포는 일본 특유의 좁은 가게 안에서 얼마나 많은 물품을 진열할 수 있는지 경쟁을 벌였다. 세븐 일레븐의 식품 코너는 그 위에 신선함을 더해 시간 단위로 교체해 넣었다.

또 BOOK OFF는 진열한 날로부터 하루가 경과함에 따라 상품을 저렴하게 판매했다. 서적에도 식품과 같은 신선도라는 새로운 사고방식을 도입했던 것이다. 이것은 모든 것이 가게측의 발상이고 노력이며, 상품에만 의지하고 있는 자세가 아니다.

거기에 또 새로운 세포라라고 하는 드럭사상(패션 잡화 등과 약품을 같이 판매하는 것)을 완전히 없애버린 발상의 가게가 등장한 것이다. 마츠키요는 화장품을 좋아하는 10대를 타깃으로 삼고 있다고 하지만 약이나 약품 관련의 매상은 30%에 미치고 있다.

영국에서 상륙하여 하라쥬쿠, 기치죠지, 긴자 등에 점포를 확대해 온 BOOTS에서도 화장품, 향수 중심이라고는 하나 약품과 건강식품도 팔고 있고 그런 의미에서 기존의 약국을 한 단계 높인 가게에 불과하다.

이 세포라의 상륙은 어쩌면 아이들 중심의 가게에서 어른 중심의 가게를 구축하는 돌파구가 될지도 모른다. 그와 동시에 '가게는 상품을 파는 것이 아니다. 때로 예술을 파는 곳이기도 하다' 라는 프랑스 사상을 우리에게 심어 주었다.

당신의 가게에도 상품 이외의 이점이 있는가?

# '앤드로지너스(Androgynous 양성공유) 사회' 와 영업

문화 인류학이라는 학문의 관점에서 보면 인류의 남녀 차이가 많이 좁혀지고 있다고 한다. 성차별은 급속도로 접근해 가고 있는 상태일 때 강하게 일어나는 것으로 너무 가까워지면 차별 감정은 없어진다고도 한다.

미국의 대기업에서 전미 13위에 위치하는 휴렛 팩커드의 사장인 칼리 피오리나 여사는 사원들에게 '자신을 남성으로 생각해 달라. 자기 자신도 여자가 아니라고 생각하고 일하겠다' 고 말했는데 정말 그 말대로 한국 출장 때 남자들에 둘러싸여 요정 접대까지 받아 접대한 쪽에서도 놀랐다고 한다. 그리고 그녀의 가정에는 남편이 주부 일도 거뜬히 해치운다고 한다.

이 여사장까지는 아니지만 앤드로(수컷)와 진(암컷)의 합체와 중성적 인간이 점점 자연스럽게 받아들여지고 있다. 뒤에서 보면 남자인지 여자인지 구별하기 어려운 않는 젊은 세대도 꽤 있다. 여성의 경우만 해도 기존의 여성스러운 스타일에 비해 남성스타일의 여자가 증가하고 있음을 알 수 있을 것이다. 당연히 여성 스타일의 남자도 생겼다.

인간은 몸 길이에 맞춘 생활을 한다고 한다. 이 몸의 길이란 생활 모습, 능력, 지위를 나타내는데, 동시에 신장도 의미한다. 즉 여성은 이제까지 신장이 작았기 때문에 소형 상품을 좋아했다. 부부찻잔의 발달은 에도 시대에 남자와 여자의 신장차이를 찻잔의 직경 차이에 맞춘 것에서 여성이 좋아하게 된 것이다. 물론 부부 젓가락도 그것에 기준하고 있다.

그런데 앤드로지너스(양성공유) 사회가 되면 소형 상품을 좋아하는 예전의 여성층과는 달리, 남자와 비슷한 대형이나 그것에 가까운 형태의 물건을 좋아하는 층이 생기게 된다.

좀더 쉬운 예로 봉제인형이 있는데 이전에는 작은 동물이 주류였던 것이 점점 대형화되어 이제는 사람 크기 만한 개나 곰 종류의 봉제 인형들이 활개를 치고 있다.

이런 경향은 이미 누구나 알고 있는 놀라울 것 없는 말이지만, 문제는 여성이 남자와 같은 신장이 되고 싶어하는 욕구를 갖기 시작했다는 것이다. 통굽 샌들도, 부츠도, 예사 높이가 아니다. 왜 그녀들은 걷는 위험을 감수하면서까지 그렇게까지 커지고 싶어하는 것인가?

신장을 제외한 나머지는 거의 남자와 대등하기 때문이다. 두뇌로도 남자를 추월하고 성관계에서도 경구 피임을 이용함으로써 남자와 대등한 만남을 가질 수 있게 되었다. 수명은 남자와 5세 이상 차이를 벌려놓고 문화 생활 수준에서도 남자의 4배의 힘을 갖고 있다.

이외에 따라잡을 수 없는 것은 신장과 수입뿐이다. 이 때문에 앞으로도 굽이 낮아지는 일은 없다고 보는 사회학자도 있고, 나의 의견 또한 그렇다. 게다가 현재 수입은 10대 6에서 미국과 같은 수준인 10대 7에 가까워졌다. 10대

7이 되면 자신이 사용할 수 있는 금액은 남자보다도 많아진다. 여성 중에는 굽 높은 샌들과 마찬가지로 쉽게 남자를 따라 잡을 수 있는 방편으로, 한꺼번에 많은 수입을 거둘 수 있는 매춘업에서 일하는 여성이 늘었다.

예전과 달리 지금의 매춘업에서는 여성 상위의 성행위가 행해지고 있고, 젊은 여성에게 있어 고통이나 굴욕과는 먼 놀이쯤으로 여겨지게 되었다. 경영적으로 말하면 '헬스 & 클린리네스(cleanliness)' 분야의 일도 할 수 있다. 앤드로지너스 사회는 섹스 산업에서조차 그것을 남녀 동격의 일로 바꾸는 힘을 갖고 있을 정도인 것이다.

이전에는 악의 온상으로 대표되던 게임 센터에 새로운 각도에서 소니를 비롯한 대기업이 참여했듯이, 앞에서도 말했지만 매춘 같은 퇴폐영업점도 '헬스 & 클린리네스' 라는 각도에서 대기업이 참여할 수 있는 소지가 충분히 생겨났다. 언제까지고 낡은 도덕 관념에 사로잡혀 있다가는 새로운 사고의 소유자에게 이익을 빼앗겨 버릴 것이다.

# 상공으로 시점을 돌려라

　남자와 여자의 결정적 차이의 하나로 '뿌리 사상'과 '꽃 사상'이 있다. 남자는 죽을 때 흙으로 돌아간다고 생각하는 사람이 많은데, 자신이라는 인간을 비료로 이용해 수목이 크게 자랐으면 하는 '뿌리 사상'이 있기 때문이라고 한다.

　'잎사귀 프레디'라는 그림책이 있다. 어른에게도 인기가 있는 그림책으로 봄, 여름, 가을이 지나고 마침내 겨울이 찾아와, 낙엽이 될 무렵 아직 자신의 역할이 끝나지 않았다는 것을 알게 된다는 줄거리이다. 프레디가 병든 잎사귀가 되어 그때까지 자신이 붙어 있던 나무를 기름지게 했다는 줄거리가 마치 기업 전사로서 일을 하다 정년이 되어 은퇴하는 남자들처럼 생각된다.

　그들은 자신이 일한 기업이 점점 발전해 가는 모습을 보며 만족스러워하는데 이것은 어디까지나 남자들의 '뿌리 사상'이지 여자의 '꽃 사상'은 아니다.

　꽃은 언제나 태양의 은혜를 받으려고 한다. 그 때문에 그녀들은 남자와 전혀 반대인, 상공으로의 동경이 강하다. 크리스트교로 말하면 죽을 때 천사에게 인도되어 하늘로 날아 올라가는 것을 이상으로 하고 불교에서도 석양이 지는 서방정토로 여행하는 것을 담고 있다.

이런 여성의 사고를 정리하면,

(1) 빌딩이나 호텔의 스카이 라운지에 가고 싶어한다
(2) 대관람차 등을 이용해서 하늘 높이 오르고 싶어한다
(3) 자유롭게 날아다닐 수 있는 것에 대한 동경이 강하다
(4) 위에 서서 아래를 내려다보고 싶어한다

등의 경향을 알 수 있을 것이다.

우선 남자에게는 고소공포증이 많은데 여자에게는 패소공포증 타입이 많다. 남자는 지하 바에는 아무렇지 않게 내려가지만 여자는 가능한 높은 층에 있는 바에 가고 싶어한다. 즉, 여성을 상대로 하는 음식업은 높은 층일수록 성공할 확률이 높은 것이다.

혹은 자유롭게 날아다닐 수 있는 것에 대한 동경이 강하다는 점에서 자유직업에 가까운 연예, 패션, 매스컴 관련의 남자가 인기가 높다. 게다가 나비나 새, 말은 호감도가 높은 생물인 만큼 패션의 무늬로 많이 사용된다.

디자이너인 모리 하나에가 나비의 이미지를 계속해서 사용하거나 에르메스가 말이나 말발굽형의 문양을 기본으로 한 것도, 이런 여성의 동경을 교묘히 반영한 것이라고 할 수 있다.

어쨌든 행복이란 '높은 곳에' 사는 것이기에 여성들은 그것을 목표로 가

능한 빨리 도달하는 방법을 생각하고 있는 것이다. '위에 서서 아래를 내려다보고 싶어한다'는 생각도 부자나 지위가 있는 남자와 결혼하면 그 시점에서 산 정상 가까이에 도달하게 된다. 거기에서 개미처럼 점점이 보이는 등산객을 뿌듯한 마음으로 내려다보고 싶고 굽어보고 싶은 것이 여자인 것이다. 정말 대단한 여성들이라 생각되지만, 영업적인 면에서 생각해 보면 그냥 한 보 물러나서 지켜보는 게 좋다. 의외로 단순한 것일지도 모른다.

최근에는 죽을 때도 남편과 함께 묘에 묻히고 싶지 않다는 여성이 부쩍 늘어가는 것 같은데, 그녀들은 자신의 유골이 가루가 되어 상공에서 뿌려지는 것을 동경하고 있다. 자신이 가장 좋아하는 땅, 바다, 호수 위에 뿌려지기를 바라는 꿈은 앞으로도 더욱 강해질 것이다. 이러한 경향도 무시할 수 없다.

# 아날로그와 디지털로 타깃을 나눠라

중장년층은 전직하지 않고 평생 같은 회사에서 일하는 것을 이상으로 여기고 있다. 그에 비해 젊은 사람들은 전직을 당연한 것으로 여기고, 오히려 같은 회사에서 계속 일하는 것은 무능력의 표시라는 생각이 뿌리깊게 박혀 있다.

이것을 아날로그 세대와 디지털 세대로 분류할 수 있는데 아날로그란 연속성에 가치가 있는 것이고, 디지털이란 비연속성의 신호이다. 젊은 사람들은 필연적으로 연속성에서 가치를 구하려고 하지 않는다. 하지만 일은 그렇게 단순한 것이 아니다. 남자들의 경우, 중장년층은 '구식'이고 젊은 사람은 '새롭다'라고 한 마디로 표현할 수 없기 때문이다.

남학생들의 취직 희망처를 봐도 의연하게 관청, 금융, 상사, 게다가 유명기업이 줄지어 있다. 말로는 새로운 것을 부르짖고 있지만 내심 오래된 체질을 숨기고 있는 것이 요즘 남학생이라고 단언할 수도 있겠다.

그런 점에서 여학생은 말도 행동도 새롭다고 할 수 있다. 아마도 희망한다 해도 남학생들에 비해 좀처럼 유명기업에 들어갈 수 없기에 그로 말미암아 자신들의 체질을 마음껏 바꿀 수 있었기 때문인지도 모른다.

그래서 남자들을 아날로그, 여자들을 디지털이라고 규정할 수 있다. 어느 쪽이든 이 사회는 어쩔 수 없이 아날로그와 디지털의 이극분화를 이루게 되었다. 장사도 명확히 결론지어 둘 중 어느 쪽을 선택할지 빨리 결정하는 것이 좋을 것이다.

출판업계에서도 '남자는 서적, 여자는 잡지'라고 구분할 수도 있고 '젊은 남자는 만화, 젊은 여자는 문고'라고 할 수도 있다. 즉, 서적은 일반적으로 말하면 내용이 긴 것(연속성)이 많고 여성 잡지의 기사는 짧은 것(비연속성)이 주류를 이루고 있다.

또 젊은 남자들이 보는 만화는 장기연재물이 많고 젊은 여성이 읽는 문고는 단발적인 것뿐이라는 상이점도 있다. 이런 사고 방식이라면 젊은 남자들은 아날로그의 전형이라고도 할 수 있을 것이다.

여기에서 자신이 지금 종사하고 있는 직업이 어느 쪽인지 또 영업상 구매자, 소비층은 어느 쪽인지를 확실히 인식하는 것이 좋다. 가령 중장년의 남성층이 고객이라면 한 장씩 꺼내는 엽서라도 세로쓰기가 아니면 안 된다. 매년 연하장을 보면 50세 이상은 단연 세로쓰기가 많다.

반대로 젊은 소비층에 어필하고 싶다면 가로쓰기로 하지 않으면 안 된다. 혹은 문자가 아닌 사진이나 일러스트를 사용해야 할 수도 있다. 그 중에서도 젊은 여성층에게는 즐거운 일러스트가 주류가 되지 않으면 한 장도 거들떠보지 않을 것이다.

또 가게에서의 상품 전시도 안정된 분위기인가 즐거운 분위기인가에 따라

222

완전히 달라진다. 더욱이 상품 전시의 높이도 중요시 될 것이다.

안정된 분위기와 더불어 '문예춘추(文藝春秋)', '중앙공론(中央公論)', '현대(現代)', '조수(潮)'와 같은 월간지가 A5판의 작은 형태로 되어 있는 이유는 주독자층인 중장년의 키가 작기 때문이다. 반면 '주간신조(週刊新潮)'를 비롯한 남성 주간지의 대부분은 B5판이라 여성주간지 및 월간지보다 판매가 부진하다.

여성들의 스타일에 B5판은 어울리지 않기 때문이다. 젊은 남자를 대상으로 한 잡지도 당연히 큰 사이즈가 잘 팔린다. 그리고 그런 경향은 전시하는 책장의 크기에도 영향을 미친다.

중년의 아줌마가 많은 슈퍼와 젊은 사람들이 주류인 편의점의 눈 높이가 다른 것이 당연하다. 케이크 가게의 진열장도 어느 정도 고객의 신장을 중심으로 형태와 크기를 바꾸지 않으면 안 된다.

이렇듯 아날로그와 디지털 세대를 한데 모으기는 앞으로도 한층 어려워질 것이다. 우선 무엇보다도 원하는 상품 자체가 다르기 때문에 서로에게 편리함보다 불편을 느끼게 할 가능성이 높기 때문이다.

# 여자는 초식동물에서 육식동물로 바뀌었다

육식을 좋아한다고 해서 생선이 안 팔리는 것은 아니다. 원래부터 일본인의 치아는 외치(外齒)로 아까시야 삼마와 히사모토 마사미(탤런트)는 그 특징이 분명한 뻐드렁니이다. 그렇다면 왜 대부분의 일본인들 이가 밖으로 향해 있는 것일까?

생선과 채소와 밥이라는 부드러운 음식을 먹는 식생활이 오랫동안 계속되었기 때문이다. 그 결과 일본인의 대다수는 온화한 성격을 유지해 왔다. 그런데 전후세대인 일본인은 점점 미국 문화에 물들고 특히 요즘 여성들은 거의 미국인과 비슷한 육식을 중심으로 한 음식을 섭취하고 있다.

하루에 한 번은 햄버거를 먹는 이 세대는 조금씩 이가 내치가 되고 고기를 씹는데 좋은 치아구조로 바뀌어 가고 있다. 이에 따라 성관계도 미국 여성과 비슷하게 그 강도가 격렬해지고 있다.

펠라티오의 전성은 그녀들이 햄버거에 익숙하게 된 결과라고 분석하는 의사가 있을 정도로, 이전의 일본인보다 입술을 여러 가지로 사용하는 여성이 압도적으로 많아졌다. 지금까지의 여성은 '먹는다', '말한다' 로밖에 입술을

사용하지 않았지만 요즘 여성들은 이 외에,

(1) 노래방 등에서 노래를 부른다
(2) 악기를 분다(피리, 플루트 등)
(3) 펠라티오를 한다

등의 놀이에도 활용하게 되었다. 게다가 이런 행위에 의해 온화한 여성이 적어지고 육식동물 같은 거친 성격을 가진 여성들이 급격히 증가하기에 이르렀다. 그리고 그것을 증명하듯이 손톱을 길게 기르고 목표물에 덤벼들려고 한다.

하지만 지금 여기에서 말한 입술 사용법, 손톱 세우는 법, 거칠어진 성격 등을 종합해 보면 여러 분야에서 장사가 성립된다는 것을 알 수 있을 것이다.

좀 더 거시적으로 보면 과거의 일본 여성은 동물로 말하면 '영양'을 떠올릴 수 있을 것이다. 영양은 초식 포유류로 겁이 많은 데다가 조심성이 많다. 이 영양의 발은 길어서 마치 여성의 높고 가는 하이힐을 신은 모습을 닮았다.

그런데 최근의 젊은 여성은 중고생에서 시작된 루즈삭스(무릎까지 오는 긴 양말)를 흉내낸, 통굽 샌달에 어울리는 루즈스타킹을 신는다. 또 그에 어울리는 긴 머리를 하게 되었다.

즉, 채식 초식형에서 육식형으로 모습도 바뀌어 왔다고 생각할 수 있다. 어떤 장사도 이 경향에 거슬러서는 안 된다.

이전의 온화함에 맞춰 영업을 한다면 얼마 못 가 망해 버릴 것이다.

생선 요리에서도 옛날처럼 굽고 삶는 것만으로는 그녀들의 만족을 이끌어낼 수 없다. 거기에 기름과 우유를 사용하는 연구를 하지 않고서는 육식동물용 요리가 만들어지지 않기 때문이다. 다른 관점에서 보면, 이혼의 급증도 육식동물이 될 수 없는 남자들과 육식동물인 여자들의 궁합이 맞지 않아 결국은 여성에게 맞춘 요리, 메뉴가 승리를 차지하는 것이다.

이것은 백화점의 식품매장을 한 바퀴 돌아보면 금방 알 수 있다. 일식 코너는 줄고 당당하게 매장 중심을 차지하고 있는 것은 돈까스 가게에서부터 서구풍의 육류요리와 샐러드류, 중화, 볶음요리 등으로 육식동물에 어울리는 매장구조가 되어 있다.

그렇기 때문에 21세기에는 여성을 중심으로 한 섹스 산업도 크게 유행할 것이다. 남자 중심의 섹스 산업은 틀림없이 실패할 것이다. 왜냐면 그녀들에게는 이미 부끄러움을 잘 타던 옛날의 성격이 사라져버렸기 때문이다.

# 틀에 구애받지 말라

젊은 여성이 일본어를 모르는 것이 아니라, 전후 세대가 일본어를 등한시 여기고 있다고 할 수 있다. 어느 잡지에서 프로야구 거인군단의 감독인 하라 다쯔노리가 '슈칸 분슌'이라는 글자를 잘못 읽었다는 웃지 못할 이야기가 실린 적이 있었다.

하지만 이 사건으로 하라 감독이 비상식적인 사람이라고는 할 수 없다. 왜냐면 그는 전후세대(1958년 출생)라서 일본어를 바르게 읽을 수 없는 당연한 연령이기 때문이다. 지적산업에 종사하고 있는 사람 중에서도 이런 실수를 하는 사람이 많다. 그리고 '슈칸 분슌'의 기자를 포함해 우리도 하라감독과 마찬가지로 결혼식장에 가서 '봉래(蓬萊)', '옹(翁)'이라는 글자를 앞에 두고 의아해하는 경우가 있으니까 말이다.

전후세대는 1945년 이후이다. 2000년에 이들은 딱 55세로 즉, 이 나이 이하의 사람들을 고객으로 본다면 일본어는 필요없다고 할 수 있다.

한가지 사실을 예를 들어 여성지의 잡지 이름은 현재, 그 90%가 횡문자, 히라가나, 가타카나 이름이다. 그럼 언제부터 이렇게 되었을까? 1971년에 'non no' 와 '미소(微笑)' 라는 잡지가 같은 시기에 창간되었는데 그 이후의 유력지 중 일본어 이름의 잡지는 없다. 그리고 그 '미소(微笑)' 도 수년 전에 폐간되어 버렸다.

1945년 출생의 사람은 1971년에 26세였지만, 이 때부터 이 이하 연령의 여성들은 일본어로 된 이름을 가진 잡지를 접하지 못하게 되었다.

이렇게 되면 적어도 어려운 한자의 가게이름이나 상품명은 터부시된다는 것을 알 수 있을 것이다. 그녀들이 가로쓰기 노트를 사용하는 것도 워드 프로세서, 컴퓨터가 가로로 글자를 쓰는 것도 말하자면 일본어 거부의 증상으로 앞으로 수년 내에 한자를 쓸 수 있는 사람은 드문 부류가 되어 버릴지도 모른다.

흐름이라는 것은 결코 막히지 않는다. 분명히 옛것은 흐르게 된다.

굳이 어려운 영어를 사용하라는 것이 아니라 가능하면 한자는 히라가나, 가타카나로 대신하는 것이 좋고 가로쓰기를 하는 것이 좋다.

이미 외래어로 사용되고 있는 말은 우리가 생각하는 것 이상으로 많다. 다양한 사전이 출판되고 있는데, 각각 1만 3천에서 2만 어 정도를 수록하고 있다. 우리가 일상에서 사용하는 어휘는 3천어 정도이니 충분히 이야기가 가능하며 이미 사용되고 있는 외래어만으로도 의사소통이 충분하게 된다.

혹시 가로문자를 잘 모른다면 한자를 알파벳을 이용해서 써도 좋다. 산토리의 위스키 '가쿠빈(角瓶)' 은 'KAKU-bin' 이라고 표시할 때도 있다. 미세한 차이지만 염려하고 있던 이미지가 바뀌어 버릴 수도 있다. 이렇게 되면 소비층도 10세 정도 약간 젊어질지도 모른다.

연예인 중에도 도우모토 고우이치, 도우모토 츠요시가 결성한 밴드인 'kinki kids'의 일본어식은 '긴키(近畿) kids'이다. 잡지에서도 관서(關西)를 'KANSAI' 요코하마(橫浜)를 'YOKOHAMA'라고 하니 한결 멋있으며 이런 생각을 여러 분야와 방면, 종류로 확대해 가는 것이 바람직하다.

# 여성이 기대하는 20가지 서비스

그녀의 지갑을 열어라 | 제 4부

## 1. 눈을 바라보는 서비스

고객의 눈을 보지 않고 가격을 말했다고 하자. 그러면 여성은 '가격을 비싸게 불렀다' 고 의심할지도 모른다. 그리고 여성은 눈이 마음의 창인 만큼 눈을 마주치지 않으면 남자는 속마음을 털어놓는 것이 아니라고 오해한다.

또 한가지, 상대의 눈을 바라보는 것은 '경의를 가지고 진심으로 대하고 있습니다' 라는 증거로 어떤 경우에도 명심하도록 한다. 매너라고 생각하지 말고 서비스라고 생각하자.

## 2. 계절감에 맞춘 서비스

여성은 계절이 바뀔 때를 매우 중요하게 생각한다. 즉 1년 동안 봄, 여름, 가을, 겨울 계절별로 옷을 바꾸는 것을 통해 즐길 기회를 갖는다고도 할 수 있다. 그것은 패션과 시기적인 것뿐만 아니라, 다른 장사에서도 여성들의 즐길 수 있는 기회를 줄 수 있다. 색채 하나, 꽃 장식 한 송이에도 세심하자.

교토가 일본에서 가장 오래 번성해 온 이유로 이 계절감을 중요하게 여기는 상인 기질을 드는 사람도 있는데 정말 탁월한 견해라고 생각한다.

## 3. 주위에 맞춘 서비스

축제가 가까워 지면 상점가도 적절히 단장을 하는 법이다. 그런데 우리는 축제와 관계 없다고 말하는 가게가 한 곳 있다고 하자. 새로운 경영학을 익힌 2세 경영자가 이끄는 가게에 이런 경우가 많다. 분위기에 맞는 장식이라고는 전혀 하지 않는다.

하지만 이것은 가게에 결코 좋은 영향을 주지 못한다. 왜냐면 길을 걷는 사람의 기분을 망치기 때문이다. 상점가에 있는 이상, 거리를 활성화시키는 게 동시에 자신의 가게와 장사가 잘 되는 지름길인 만큼, 분위기를 외면하는 것은 고객을 향한 서비스를 잊은 태도와 마찬가지다. 떠들썩할 때는 그 분위기에 맞춰 함께 이야기하고 즐기는 남자를 여자는 좋아한다는 것을 기억하자.

## 4. 천천히 말하는 것도 빨리 말하는 것도 서비스

어떤 기업이든 고객을 상대하는 이상, 상대에 맞추는 것이 서비스이다. 가령 노인을 대상으로 한 상품을 만들고 있다면 사장 이하 전 사원이 천천히 이야기하는 것을 기본으로 삼지 않으면 안 된다. 반대로 젊은 사람을 대상으로 한 상품을 개발하고 있는 기업이라면 빠른 말투가 바람직하다.

이것은 군이 그런 고객과 직접 접하는 부서 사람이 아니라도 마찬가지이다. 그리고 고객과 '마음을 일치시키는' 중요한 서비스이므로 항상 염두해 두어야 한다. 덧붙여 말하자면 내가 경영자를 대상으로 강연을 할 때의 말하는 속도는 보통 대학에서 여학생에게 강의를 할 때와 전혀 다르다. 상대에게 이야기하는 스피드도 서비스라는 것을 머리 속에 주입시켜 두자.

## 5. 여성의 주목 받길 원하는 마음을 만족시킨다

칭찬의 말이 서비스라는 것은 누구나 알고 있다. 하지만 여성은 단순히 '아름답다' '예쁘다' '머리가 좋다' 라는 칭찬으로는 만족하지 않는다. 누구에게나 다 하는 말이라고 생각하기 때문이다. 그런데 어린아이에 대해 '두 살인데 이렇게 말을 잘하는 아이는 처음입니다' 라고 칭찬을 한다면 어떨까? 그 아이의 엄마는 주목 받았다는 것에 대해 날아갈 듯이 기뻐할 것이 분명하다.

또는 '웃으면 ○○○랑 똑같네요' 라고 그 시기에 적절한 탤런트의 이름을 넣는 것도 나쁘지 않다. 요컨대 뜨고 있는 누군가와 비교해서 칭찬하면 좋다는 것이다.

## 6. 자신의 이름을 밝히는 서비스

전화로 용건만 듣고 '알겠습니다' 하고 찰칵 전화를 끊어 버리는 경우가 많다. 이럴 경우에 전화를 건 쪽은 문제없이 의문점이 해결될지 어떨지 불안해지게 되는 만큼 '네, 요시다입니다' 하고 확실히 이름을 밝혀주는 것이 좋다.

또 FAX로 물건을 의뢰했을 때 '잘 알겠습니다. 담당은 무라다입니다' 하고 FAX로 답장을 해주는 기업일수록 안심할 수 있다. 현금을 보냈을 때는 여성일 경우 더욱 불안해하는 법, 조금이라도 빨리 담당자 이름을 확실히 하고 '잘 받았다' 는 답을 해야 한다.

## 7. 말보다 그림으로 그려서 설명하는 서비스

길을 설명 하더라도 입으로 설명하는 것보다 그림을 그리는 쪽이 알기 쉽다. 게다가 오늘날의 젊은 사람들은 듣기만 해서는 좀처럼 이해를 잘 못한다. 귀보다 눈이 발달해 있는 것이다. 컴퓨터를 비롯해 텔레비전 게임, 비디오 만화 등 모든 것을 눈으로 즐기는 생활을 한 결과 언어 이해력이 현저히 떨어져 있다.

그만큼 어떤 설명을 위해서든 종이와 펜을 미리 준비해두면 좋겠다. 그것은 젊은 여성 고객에 대해 최소한 행해야 할 서비스인 것이다. 물건이 준비되는 날이라도 입으로만 'O월 O일' 이라고 말하지 말고, 확실하게 종이에 쓰면 좋다. 이를 위해 설명 용지를 구비해 두고 메모지함에 펜과 함께 넣어두면 좋다.

## 8. 재빨리 공통점을 찾아내는 서비스

고객으로 만들려면 가능한 한 공통점을 찾아낸다. 예를 들어 상대가 아이를 데리고 왔으면 거기에서 공통점을 찾는 점원도 있을 것이다. 수험생 아이가 있으면 그것이 공통의 화제가 될지도 모른다.

고객심리를 조사해 보면 굳이 그 가게의 상품이 좋아서 다니는 것이 아니다. 예를 들어 술집의 고객이 될 때는 그곳의 주인이나 고객 사이에 공통의 화제가 생기는 경우가 단연 많다. 이것을 작가인 야마구치 히토미는 '하나의 문화권을 구축한다' 라는 표현으로 설명하고 있는데 같은 공통점이 있을 것 같은 고객일수록 중요하게 여기고 그에 맞는 대우를 하는 것도 고도의 서비스 자세이다.

## 9. 허상을 보여주는 것도 필요한 서비스이다

예를 들면 요리사가 큰 요리 모자를 쓰고 있지 않으면 요리가 왠지 맛이 없을 것 같고, 간호사가 간호사 스타일이 아니면 무서워서 주사를 맞을 수 없다. 이것은 유니폼이라는 이름의 허상을 만들고 있는 것으로 기술, 기능을 파는 직업, 장사일수록 이 허상 만들기를 무시해서는 안 된다. 여성이 종교와 점을 좋아하는 것은 이 두 가지에게 있는 공통된 신비성을 좋아하기 때문이다. 가령 자신의 직업과 어울리지 않는 차림으로 이야기를 한다면 누구도 들으려하지 않을 것이다. 반대로 말하면 기술, 기능에 관계없는 장사에서 아무리 봐도 그럴싸한 패션을 하고 있는 사람은 가짜로 느껴질 수도 있다.

연예인도 아닌데 긴 머리와 윤기나는 머리를 하고 있으면 실제로는 수상한 남자일지도 모른다. 그래도 영상시대인 지금은 이 허상 만들기로 성공할 확률이 높다. 당신의 가게가 어떤 업종이든 간에 교묘히 허상을 만들어내는 것은 실은 영상 세대의 고객에 대한 서비스인 것이다.

## 10. 특별한 날을 꿈꾸게 하는 서비스를 하라

옷을 한 벌 팔면 '그것을 입고 어딘가에 갈 꿈을 이야기하라' 는 기본이 있다. '외국여행 할 때 딱 좋겠네요' '데이트하러 갈 때 입고 가면 애인이 기절해 버릴 거예요' '취직시험에서 단번에 붙을 거예요' 등 이러한 이야기는 일시적이라도 밝은 꿈을 꾸게 해주는 만큼 여성 고객은 눈을 반짝이게 된다.

빵 한 개라도 '이것은 하이킹용으로 평판이 좋습니다' 라는 말을 덧붙이면 여성은 상상의 나래를 펼치게 된다. 어떤 상품이든 되도록 뭔가 특별한 날을 위해 사용 방법, 활용 방법을 연구한다. 그리고 그것을 구매 상담으로 연결시키면 좋을 것이다. 여성도 그런 서비스를 바라고 있다.

## 11. 음악을 곁들인 서비스

　현대인은 무엇을 하든 한꺼번에 같이 한다. 공부를 하면서 전화를 할 수도 있고 텔레비전 게임을 할 수도 있다. 그러면서 음악도 즐긴다. 1인 2역은 물론 3역, 4역을 처리하는 사람이 흔해졌다.

　그러한 고객을 맞이하는 가게에 아무런 소리도 없다면 고객은 다시 그 가게에서 나오게 될 것이 분명하다. 가능하면 그들에게 맞는 BGM이 흐르고 있다면 좋겠지만, 그렇지 않더라도 음악이 흐르고 있다면 그들은 안심할 것이다. 또 템포가 빠른 곡은 고객의 기분을 고조시키기 때문에 매상을 올리게 하는 효과도 있다. 고객에 대한 서비스로 가게의 이익과도 연결되는 만큼 음악 팬이 되었으면 한다.

## 12. 두 번 반복하는 서비스

가령 전철 차장이 '다음은 ○○역입니다' 하고 한 번만 방송했다면 잘못 듣고 지나치는 승객도 굉장히 많아진다. 방송이 두 번 반복된다면 그런 승객은 확연히 줄 것이다. 특히 여성의 소리, 빛, 동작에 대한 자극 반응 시간은 남자 100에 비해 거의 86.5인 만큼, 여자 고객에 대해서는 한층 더 친절한 마음가짐이 필요하다.

물건을 추천할 때도 '이것은 어떻습니까?' '그럼 이쪽은 어떠세요?' 하고 두 번 반복할 필요가 있고 고객에게 보내는 엽서에도 날짜와 전화번호를 두 곳에 명시하는 번거로움이 오히려 친절이 된다.

때로는 이벤트를 할 경우 하루만 하는 것이 아니라 두 번하는 것이 좋고 가능하면 코너도 제 1코너, 제 2코너를 만들어 즐거움을 두 배로 늘리는 등 '2' 라는 숫자를 활용하면 좋다.

## 13. 상대에 따라 행동하는 서비스

나이가 많은 사람일수록 고객과 마음이 통하고자 노력한다고 한다. 하지만 모든 고객이 다 마음을 통하고 싶어 하는 것은 아니다. 어디에서건 물건만 사면 그만이라는 젊은 사람들이 늘고 있는 만큼 이런 고객에게는 달라 붙어서 판매하는 것은 금물이다. 결국은 '상대에 따라 행동하라' 는 관찰의 눈이 중시되고 있으며 이것을 어기면 '저 가게는 물건 사기가 힘들다' 라고 느껴질 우려가 있다.

지금 이 시대는 흑과 백 이극분화(二極分化)가 진행되고 있기 때문에 이에 맞춘 서비스를 철저히 하는 것이 중요하다. 이것은 또 기업의 신입사원 교육에도 필요하며 지나치게 친절한 지도는 오히려 마이너스가 된다는 점을 확실히 기억하자.

## 14. 유행에 뒤지지 않은 안심 서비스

'과연 제일 새로운 유행 스타일을 하고 계시군요'

이렇게 말로 하는 서비스도 있다. 어떤 고객이든, 사고 안 사는 것은 둘째 치고 자신이 유행에 뒤지고 있지는 아닌지 불안해하는 법이다. 가게에 들어오는 것은 그 확인의 의미도 강하다. 그중에서도 유행의 리더인 젊은 사람이 유행의 기준이 되는 도쿄, 시부야, 하라쥬쿠 근처에 몰리는 것은 눈으로 최신 정보를 확실히 봐 두겠다는 마음이 있기 때문이다. 이것을 거리의 상점가에서도 활용할 수 있다.

작은 패션 매장에 가면 항상 가게 앞에 할인품이 놓여져 있는데 그것만으로는 유행에 뒤진 가게라는 인상을 주게 되므로 그것과 함께 가장 새로운 상품도 가게 앞 가까이에 둘 필요가 있다. 그것을 사는 고객이 없어도 고객의 머리에는 '이 가게는 유행에 뒤져 있지 않다' 라는 정보를 입력하게 되는 것이다.

## 15. 고객의 예상을 뛰어넘는 서비스

　MK 택시가 도쿄에 진출했을 때 운전사가 운전석에서 조수석으로 재빨리 옮겨 고객 자리의 문을 밖에서 열어주는 테크닉에 감탄했다. 택시는 자동문이나 자신의 손으로 연다는 상식을 깬 것으로 고객은 자신이 예상한 것 이상의 만족감을 얻게 되었을 것이다.

　판켈 화장품은 건강식품은 고가인 것이라는 고객의 머리에 '아니에요, 건강식품은 싼 것이에요' 라는 예상 외의 정보로 크게 히트를 쳤다. 팔고 보자주의의 세상에서 이런 친절한 회사가 있다고 하니 여성 고객 사이에서 감동의 물결이 일었던 것이다. 당신의 기업, 상점에서도 반드시 한 가지나 두 가지, 고객의 예상을 뒤엎어 갈채를 받을 수 있는 것이 분명 있을 것이다. 그것을 발견하고, 실행하는 것이 승리를 점치는 일이다.

# 16. 오전 중의 '목소리' 서비스

아침 일찍 전화를 하면 여직원의 목소리가 언제나 밝다. 그 기업의 직원을 만났을 때 그 이야기를 했더니 '우리가 의도하던 대로 됐군' 하며 기쁜 듯이 말했다. 그 회사는 오전 중일수록 밝은 목소리 내기 운동을 실천하고 있다는 말과 함께 굉장히 평판이 좋다고 했다.

물론 하루 종일 목소리가 밝아도 좋지만, 점점 힘들어지는 시간인 오후부터 저녁에 걸친 시간에는 너무 밝은 목소리를 오히려 귀에 거슬려하는 사람도 있는 만큼 오전 중이 딱 좋다.

이 밝은 목소리의 응대는 '목소리 서비스'라는 굉장히 중요한 요소이다. NTT의 104번으로 아침 일찍 전화를 하면 이름은 밝히지만 낮고 어두운 목소리가 대부분이다. '그것은 나의 타고난 음성이야'라고 하는 사람이 있을지도 모르겠지만 높은 목소리라고 다 밝은 목소리라고는 할 수 없다. 요컨대 전날 밤 남자와의 트러블이 있었다면 반드시 목소리는 날카로워질 것이다. 자신의 생활을 일과 잘 구분하는 자세야말로 진정한 비즈니스맨의 자세이다.

## 17. 알기 쉽게 말하는 서비스

전문용어를 구사해서 설명하는 사람이 있는데 듣는 사람의 입장에서 보면 도대체 무슨 소리인지 도통 모르는 경우가 대부분이다. 현재 대학생들 중에는 강의 내용을 모르겠다고 하는 학생이 많다고 하는데 알기 쉽게 설명하는 것이 얼마나 중요한지를 여실히 나타내는 부분이다.

'바보전문가' 라는 말을 듣는 직원일수록 여자 고객을 잘 다루지 못하고 또 그런 남자일수록 상냥한 표현을 못하는 융통성이 없는 머리를 가지고 있다.

예를 들어 20%라면 열 명에 두 명, 1킬로미터라면 여성이 걸어서 약 15분 거리라고 표현해 주는 것이 이해하기 쉽다. 이것은 서비스 체질을 갖고 있는지 없는지를 측정하는 자가 된다.

남자는 일반적으로 책에서나 나올 법한 단어를 말하는 도중에 무심코 사용하는데 이것을 듣고 이해할 여자는 없을 것이다. 위태롭다는 위험하다, 의심스럽다는 수상하다, 성내다는 화내다, 거부하다는 거절하다 등 구어체로 이야기하는 습관을 들여야 한다.

## 18. 문화의 서비스화

'서비스란 안심시키는 것이다' 라는 사고방식도 있다. 물수건 서비스의 발단은 얼굴과 목덜미를 쓱쓱 문질러 닦는 사람이 많아서가 아니라, 뜨거운 타올에 왠지 마음이 온화해지는 사람이 많기 때문은 아닐까? 그러한 이유 때문이라면 마음이 온화해지게 하는 것은 무엇이든지 좋을 것이다.

벽에 걸린 그림, 화분, 항아리 등은 문화 서비스라고 해서 이제는 빠질 수 없는 장식품이 되었다. 때로 주인이 직접 그린 그림 엽서에 메뉴를 적는 음식집도 있는데 마음이 매우 따뜻해지는 것을 느낄 수 있다. 물론 말은 당연히 문화 서비스에 포함되며, 장소에 따라서는 조명까지도 포함된다. 현재 조명에 의한 야간 서비스가 고적지, 명소, 성, 다리 등에서 행해지고 있는데 앞으로는 이 조명이 중요한 문화 서비스가 될 것이다.

## 19. 유료 서비스도 필요하다

유료 화장실이라고 하면 보통 어른이 주로 사용할 거라는 막연한 이미지가 있는데, 꼭 그렇다고는 할 수 없다. 여학생이 옷을 갈아 입는 최적의 장소가 되기도 한다. 그러므로 유료 화장실이 없어지면 가장 타격을 받는 것이 바로 이 여학생들일 것이다. 이것은 여러 유료 서비스가 얼마나 대도시에서 필요하게 되었는지를 나타내는 에피소드로 TIME24에 의한 단시간 유료 주차 서비스도 폭발적인 호평을 얻고 있다. 단시간이라도 노상주차를 하고 싶지 않은 사람들에게 이 서비스는 '절대 필요'한 존재가 되었다. 앞으로는 무료 서비스가 아니어도 전혀 상관하지 않게 될 것이다. 반대로 유료이기 때문에 더욱 그 서비스를 받고 싶어할지도 모른다. 무료 서비스인데도 불구하고 사용하기가 껄끄럽다고 생각하는 분은 '오히려 우리 회사에서 어떤 유료 서비스가 성립될까?'를 주제로 회의를 열어도 좋지 않을까? 인터넷 홈페이지를 활용하면 이런 종류의 비즈니스는 크게 확산될 것이다. 애완동물 시장과 고령자를 대상으로 한 시장, 주식 서비스 시장, 중고차와 전자기기 시장은 무궁무진한 발전이 약속되어 있다. 우선 유료 서비스를 해본 후에 크게 판로를 넓히는 것도 충분히 가능한 만큼, 이 서비스는 철저히 연구할 만하다. 인터넷 쇼핑몰인 '낙천시장'은 단 2년 만에 1천 배의 매상을 올렸다.

## 20. 지(知) 수집 서비스

앞으로는 인간의 지혜가 가치를 낳는 시대가 된다. 2000년에 2천 엔짜리 지폐를 만들면 재미 있을 것 같다는 한 어느 프로듀서의 기발한 아이디어가 실행되어 큰 가치를 낳게 되었다.

이제부터는 이러한 지혜를 서비스료를 지불하고 사야 하는 시대가 왔다. 즉 데이터, 정보, 지식, 지혜가 서비스 산업으로써 절대 필요하게 된 것이다. 지금 출판계에서는 오래된 책(비교적 새 책이라도)이 절판 상태가 되었는데 출판사는 어느 것이 절판인지 공표하고 있지 않다. 그런데 이 절판본 중에는 지금 다른 출판사에서 내면 분명 히트칠 만한 것도 많이 포함되어 있어 정말 아까운 지적재산이 되고 있다. 이것을 꼼꼼히 조사해서 각 출판사에 서비스 하려고 하는 움직임이 있는데, 새로운 지(知) 서비스로써 확실히 발전할 것 이다.

이것은 하나의 예에 불과하지만 이런 것들을 여성 고객에게 매주 한 번, 또 는 한 달에 한 번, 지(知)의 신문으로 명명하여 여성 고객에게 제공할 수도 있 다. 일본 과자의 역사, 옷의 변천, 동물의 애완 동물화를 컴퓨터로 정리하면 고객에 대한 큰 지적 서비스가 될 것이다.

이 책의 화두는

그녀의 지갑을 열어라 | 역자 후기 '여성'입니다

이 책의 화두는 시종일관 '여성' 입니다.

어떻게 하면 여성의 지갑을 쉽게 열게 할 수 있을까?

어떤 상품이 여성들에게 호평 받아 높은 매출을 올릴 수 있을까?

절반의 남성과 절반의 여성으로 이루어진 지구지만 인류 역사로부터 추측하건대 남성과 여성이 상호보완적 존재로서 모든 권리를 사이좋게 반반씩 누려온 역사라고는 할 수 없습니다. 자의든 타의든 간에 남성은 여성 위에 선 군림자로서의 역사를 굳이 거부하려 하지 않았습니다.

그 결과 오랜 시간 동안 남성은 여성의 지배자라는 왜곡된 가치관이 자연스럽게 뿌리내리게 된 것입니다. 그러나 오늘날 여성들의 활약은 지금까지 남성들 위주로 누려왔던 다양한 영역에서 발군의 능력을 보이며 여성들의 삶을 주체적으로 꾸려가자는 의식이 점차 고조되고 있는 추세입니다. 참고로 이 책의 저자는 여성 연구가로 널리 알려져 있는 사람으로서 이러한 일련의 흐름을 여성마케팅이라는 측면에서 여성 고객의 중요성과 효과적인 접근

방법에 대해 구체적이고도 섬세한 터치로 다루고 있습니다.

　사회의 발전 속도가 한층 가속화되면서 구성원들의 가치관이나 생활패턴, 소비패턴도 더욱 복잡다양하고도 철저히 '자신' 이 중심에 서는 형태로 바뀌고 있습니다.

　우선 구매패턴을 살펴보더라도 과거 여성들의 경우 구매사고의 틀이 수동적인 형태였다면, 오늘날 여성들의 구매사고는 능동적이고 적극적인 형태를 띠고 있습니다. 사회적으로 홀로 생활하는 여성 단신가족의 증가(본문 내용 참조), 대가족보다는 핵가족화를 선호하는 가치관을 지닌 구성원들이 증가하면서 어쩌면 필연적으로 나타날 수밖에 없는 범글로벌적 현상이라고도 할 수 있습니다.

　여전히 경제주체는 남성들임을 매스컴이나 활자매체는 공공연하게 강조하고 있는 우리 사회에서 다가오는 사회의 주 구매 타겟으로 '여성' 을 세우라는 저자의 주장이 다소 새삼스러운 말로 들릴 수도 있을 것입니다. 하지만 분명한 사실은 과거에도, 현재도 주 경제주체는 남자일 수 있지만 구매주체는 주로 여성임을 재인식할 필요가 있다는 점입니다.

　구매주체에 여성을 대입했을 때 긍정적인 면보다 부정적인 면을 떠올리는 분들도 많을 것입니다. 과소비, 허영과 사치, 쇼핑중독, 이런 단어는 남성보다 여성들에게 더 어울린다는 사실을 애써 부정할 수는 없습니다.

그러나 오늘날 여성들의 경제활동 참여율이 현저하게 급증하고 있고 정보화의 발달이 무서운 속도로 진행되면서 여성 특유의 욕구 변화와 다양함도 그 속도에 발맞춰가고 있습니다. 그리하여 경제력이 뒷받침되는 현대 여성고객의 구매 파워 또한 갈수록 상승추세로, 전체 소비재의 90%를 여성이 선택하고 있다고 합니다.

이제 가족의 구매 대리자로서 급부상하고 있는 여성의 구매력을 사로잡지 못하고 구태의연하고도 헛된 자부심만을 고집한다면 아무리 훌륭한 상품이라 해도 진열대 장식품으로 그 운명을 마치게 될 것이라고 이 책의 저자는 경고하고 있습니다. 그렇다면 여성을 키워드로 삼은 즉, 여성고객들이 진정으로 바라는 상품을 만들기 위해서는 먼저 여성들의 심리를 잘 이해해야 합니다. 저자는 다음과 같은 일곱 가지 내용으로 여성심리를 축약하였는데 간략하게 적어보면 이렇습니다.

1. 문화를 좋아한다
2. 밤을 좋아한다
3. 변화를 좋아한다
4. 잔혹함을 좋아한다
5. 앉아있기를 좋아한다
6. 방어를 좋아한다
7. 불만을 잘 터뜨린다

여성은 분명 남성들과는 다른 심리적, 선택적, 행동적 특징을 가지고 있습니다. 이런 여성들의 기본심리를 상품과 서비스에 활용하는 것이야말로 치열한 경쟁사회에서 살아남을 수 있는 가장 확실한 해결책이라고 할 수 있습니다.

여성들의 구매심리를 포착하여 그 흐름을 이해하고 실질적인 고객만족과 기업의 이익증대를 원하시는 모든 분들에게 이 책을 권하고 싶습니다.